Siegmund Fränkel

Beiträge zur Erklärung der mehrlautigen Bildungen im Arabischen

Siegmund Fränkel

Beiträge zur Erklärung der mehrlautigen Bildungen im Arabischen

ISBN/EAN: 9783743694002

Hergestellt in Europa, USA, Kanada, Australien, Japan

Cover: Foto ©Thomas Meinert / pixelio.de

Weitere Bücher finden Sie auf **www.hansebooks.com**

BEITRÄGE ZUR ERKLÄRUNG

DER

MEHRLAUTIGEN BILDUNGEN IM ARABISCHEN

VON

SIEGMUND FRAENKEL.

LEIDEN, E. J. BRILL,
1878.

VORWORT.

Den vorliegenden Untersuchungen habe ich die Wörterbücher von Djauharî und Ibn Doreid zu Grunde gelegt. Da ich nur sicheres Material benutzen wollte, so habe ich die Angaben des Ḳâmûs nur dann berücksichtigt, wenn ich sie anderweitig bestätigt fand. — Ich war in der glücklichen Lage, Ibn Doreid's جمهرة اللغة in der Leidener Handschrift benutzen zu können und habe seine Erklärungen da, wo Djauharî minder ausführlich ist, wörtlich wiedergegeben. (Die Citate beziehen sich auf den 3ten Band des Werkes Cod. Warn. 321 III.). Herrn Prof. de Goeje bin ich für die Liberalität, mit der er mir diese Handschrift für längere Zeit zur Benutzung überliess, und für die Freundlichkeit, mit der er auch sonst meine Studien hier unterstützte, zu Danke verpflichtet. — Besondere Sorgfalt glaubte ich auf die Bedeutungsentwickelung verwenden zu sollen, da hierfür im Arabischen noch viel zu thun übrig bleibt. Ich weiss, wie leicht man in solchen Dingen irren kann und bitte deshalb das Einschlägige mit Nachsicht aufzunehmen. — Zum Schlusse ist es mir eine angenehme Pflicht, meinem hochverehrten Lehrer Herrn Professor Nöldeke zu Strassburg, der mir auch einige Bemerkungen zu dieser Arbeit mitgetheilt hat, für das wohlwollende Interesse, das er meinen Studien widmete, und für die reiche Anregung, die ich von seinem Unterrichte empfangen, meinen aufrichtigsten Dank abzustatten.

Leiden, November 1878.   Der Verfasser.

Mehrlautige Bildungen durch Vorsetzung von 'Ain vor die dreilautige Wurzel entstanden.

Schon die Araber haben bei einigen dieser Bildungen erkannt, dass das 'Ain an die Stelle eines Hamza getreten ist; es war das bei solchen Worten, die daneben noch mit Hamza vorkommen. Bei einigen anderen lässt sich durch die verwandten Sprachen erweisen, dass 'Ain erst secundär für Hamza eingetreten ist. Ein ganz sicheres Beispiel dieser Art ist عُثْكُولٌ, (woneben auch عِثْكَالٌ). Das Letztere ist wohl ursprünglicher, da es in der Vocalisation genauer zum hebr. אֶשְׁכֹּל stimmt. Es bedeutet nach Djauharî den Stiel eines Dattelzweiges, an dem halbreife Datteln hängen. Er citirt dazu:

لَوْ أَبْصَرَتْ سُعْدَى بِهَا كَتَائِلِى طَوِيلَةَ ٱلْأَثْنَاءِ وَٱلْأَثَاكِلِ

s. v. كتل fügt er hinter كَتَائِلِى noch hinzu: مِثْلَ ٱلْعَذَارَى (²ٱلْحُسْنِ ٱلْعَطَابِلِ) d. i. „Wenn Su'dâ geschaut hätte darin meine Palmen, ähnlich den schönen tadellosen Jungfrauen, mit langen Aesten und Stielen." Djauh. bemerkt dazu, dass أَثَاكِل an Stelle von عَثَاكِل stände. Da aber إِنْكَالٌ noch daneben vorkommt (vgl. Lane p. 1953), so ist diese Annahme unnöthig. تَعَثْكَلَ denominativ von عثكال bedeutet „an solchen Zweigen reich sein." Der Ursprung unseres

---

1) Variante (s v. ثكل u. كتل) قد.
2) Variante (s. v. عطبول) ٱلْحُسْرِ.

Wortes ist bekanntlich noch nicht genügend aufgeklärt. Gesenius will im Thesaurus שְׂגִיא dazu vergleichen, was aber gänzlich unzulässig ist. Denn erstens findet sich aramäisch איתכלא (vgl. Levy Chald. Wörterb. p. 76) und dann wäre auch ohne dies der Lautübergang unerhört. Nach meiner Meinung wird man nicht umhin können, da sich auf der einen Seite hebr. אֶשְׁכֹּל, ar. اِثْكَال, aram. אתכל, auf der anderen שָׂכֹל, ثَكِل, ܬܟܠ genau entsprechen, diese Worte als zu einer Wurzel gehörig zu betrachten. Die Schwierigkeit ist, dass auf der einen Seite die Bedeutung »grünender, frischer Zweig," auf der anderen die »unfruchtbar, kinderlos sein" feststeht. Nun muss man sich aber erinnern, dass die semitischen Sprachen Euphemismen lieben. Vgl. سَلِيم von der Schlange gebissen, ursprünglich »wohl erhalten, unversehrt", wozu schon Djauhari mit gesundem Sprachgefühl bemerkt تفاّلوا كأنّهم السليم اللديغ, لَهُ بالسلامة, ferner مَفَازَةٌ »Wüste" urspr. Ort der Sicherheit, wo 'Ibn Al'a'râbî allerdings den Zusammenhang schon nicht mehr versteht, wenn er sagt سمّيت بذلك لأنّها مُهلِكة من فَوَّزَ اى هلك, denn فاز »untergehen" ist erst denominat. von مفازة, ('Asma'î bemerkt richtig, dass es ein Euphemismus ist), ferner aus dem Jüd. Aramäischen סגיא נהור »ein Blinder" urspr. »einer mit vielem Lichte". Man muss ferner bedenken, dass Unfruchtbarkeit im Oriente als ein harter Fluch betrachtet wird, so dass das Verschleiern dieses Begriffes durch einen Euphemismus sehr wohl denkbar wäre. Wenn man dies berücksichtigt, darf man vielleicht annehmen, dass שָׂכֹל ursprünglich gar nicht »kinderlos sein" sondern »Frucht tragen" Sprossen treiben, »grünen" bedeutete und dann euphemistisch für jenen Begriff verwendet wurde. Daraus ergiebt sich dann mit Leichtigkeit die Bedeutung von אֶשְׁכֹּל u. s. w. In Äthiopischen finden wir auch askâl »Traube" und ein Verbum sakala »Trauben tragen" (Dillmann Lexicon p. 378). Der erste Gedanke ist gewiss, es als Denominativum von askâl aufzufassen. Doch ist es sehr merkwürdig, dass grade das Äthiopische für sakala nicht die Bedeutung »unfruchtbar sein" hat. Ich möchte deshalb vermuthen, dass es uns eine frühere Bedeutung des Verbums erhalten hat.

Deutlich ist auch der secundäre Charakter des 'Ain in عُصْفُور gegenüber מִצְפְצֵף von صَفَرَ «zwitschern," welche Wurzel onomatopoëtisch sein wird, worauf auch der Infinitiv صَفِير hinweist. Zu trennen ist von dieser Wurzel أَصْفَر »gelb" اِصْفَرّ »gelb werden," woher der Morgen صُبْح benannt ist, weil der Himmel da eine gelblich röthliche Färbung annimmt. Denkwürdig ist, dass auch von dieser Wurzel ein Spross statt Hamza vorne ein Ain angenommen hat, nämlich عُصْفُر eine Distelart, aus der gelbe Farbe gewonnen wird (belegt bei Ibn Dor. f. ١٣٨ v.).

قَدْ كُنْتُ حَذَّرْتُكِ لَقْطَ ٱلعُصْفُرِ بِآلَّلَيْلِ حَتَّى تُصْبِحِي وَتُسْفِرِى

»Ich habe dich, Weib, gewarnt vor dem Sammeln des 'Usfur in der Nacht vor der Dämmerung und dem Morgen." (Metr. Redjez).

Es gehört zu أَصْفَر »gelb" und عَصْفَر »gelb färben" ist Denominativum davon. — عُصْفُور ein Knochen an der Stirn des Pferdes (Djauharî s. v.).

العصفور عظم تأتي فى جبين الفرس وهما عصفوران يمنة ويسرة

ist wahrscheinlich dasselbe wie عصفور »Sperling," wie ja

häufig Körpertheile durch Thiernamen benannt sind. (Genauer spricht darüber Dietrich in der zweiten seiner Abhandlungen für sem. Wortforschung). Wenn die beiden Wurzeln صفر » gelb sein" und صفر » zwitschern" getrennt sind, so bleibt noch immer eine Wurzel صَفِرَ » leer sein" übrig, die zunächst sich mit diesen beiden nicht vereinigen zu lassen scheint. Die Grundbedeutung von صفر ist aber nicht » leer sein," wie auch noch Lane p. 1097 annimmt, صَفَرٌ an infin. n. of صفر q. v. and hence hunger," sondern » hungrig sein" was auf صَفِرَ » zwitschern" zurückgeht, das auf das Brummen des leeren Magens (wie wir im Deutschen sagen) übertragen ist. Dass dem wirklich so ist, beweist deutlich die Redensart نقت عَصَافِيرُ بَطْنِهِ » die Sperlinge seines Magens zwitscherten." — عَبْهَر » von vollem Körper" fem. عَبْهَرَةٌ (belegt bei Ibn Dor. f. ١١٠ ٧.): قال الاعشي

عَبْهَرَةُ ٱلْخَلْقِ لَبَاخِيَّةٌ   تَزِينُهُ بِٱلْخَلْقِ ٱلطَّاهِرِ

Metrum Sari'.
(Note am Rande: لَبَاخِيَّةٌ حسنة الجسم وقال أيضا ممتلئة تارةً)
d. i. Eine Frau von vollem Körper, eine schöne, die ihn schmückt mit reinem Charakter; auch (vom Bogen) » mit starkem Handgriffe" (in dieser Bedeutung belegt bei Djauh.) ist nichts Anderes als أَبْهَرُ » glänzend" von بهر » leuchten" vgl. hebr. בָּהִיר und בְּהֶרֶת syr. ‎ܒܗܪܐ «Heiligkeit, Morgen." Aus dem Begriffe «leuchten" entwickelt sich der Begriff «stark sein, voll sein" daher sind أَبْهَرَانِ zwei Adern (genaue Erklärung siehe bei Lane) urspr. » die vollen." — Schon von den Arabern erkannt ist die Identität von عَبْهَلَ » die Kameele ohne Aufsicht lassen" mit أَبْهَلَ » jemanden frei handeln lassen." عَبَاهِلُ (belegt bei Djauh.) und مُعَبْهَلَةٌ sind frei umherlaufende Kameele. — Ebenfalls schon

von ihnen ist erkannt, dass عَنْجَلٌ »dick" dasselbe ist wie أَنْجَلٌ.
Ibn Doreid belegt noch f. ١٨٩ ٢. عَناجِلٌ in derselben Bedeutung.
عَجْرَدٌ — قال الراجز عُناجِلٌ كالرِّقِ »dick wie ein Schlauch." —
»schnell," مُعَجْرَدٌ »nackt" gehören zur Wurzel جرد. Die Grundbedeutung ist »abkratzen" vgl. hebr. גרד syr. ܓܪܕ (äthiop.
magrad. Dillmann Lex. p. 1158) daher z. B. جَرَادٌ »Heuschrecke," die Alles glatt fressende. Hieraus entwickelt sich
durch den Mittelbegriff »glatt sein" der Begriff »schnell
sein." In unserer Bildung haben sich noch beide Bedeutungen erhalten, مُعَجْرَدٌ in der Grundbed. und عَجْرَدٌ in
der übertragenen. — عَجْرَفَةٌ und عَجْرَفِيَّةٌ »auf Nichts Rücksicht nehmend, rasend schnell" (vom Kameele), عَجَارِفُ und
عَجَارِيفُ »die Zeit und ihre Zufälle" gehört zu جرف »fort-
reissen, wegschwemmen" (vom Flusse) vgl. auch hebr. גרף
in derselben Bed. und syr. ܓܪܦ »anschwellen" (vom Strome).
— عُسْقُولٌ eine grosse weisse Pilzart, عَسَاقِيلُ auch in
der Bed. »Wüstenschein" (سراب) gehört zu صقل »glätten,"
(ursprünglich wohl »am Steine poliren," da sonst hebr. סקל
vereinzelt stände) daher عسقول zunächst wohl »glänzend."
Die ursprüngliche Form der Wurzel ist gewiss سقل gewesen, wie man es nach סקל und ܣܩܠ auch erwarten
müsste. Hierfür ist aber nach arabischer Lautregel صقل
eingetreten, vgl. dazu Mufaṣṣal p. ١٧٩. Z. 18—21, und
Sujûṭi im Muzhir Bûlâqer Ausg. I Bd. p. ٢٢٤ Z. 2—p. ٢٢٧
Z. 14. — عَشَنْزَرٌ »stark" fem. عَشَنْزَرَةٌ (beide bei Djauh. belegt), nach Ibn Dor. f. ١٩٣ ٢. »schnell" (von der Reise)
(Metrum Ṭawîl) قال الشاعر فَهاتِي لَنا سَيْراً أَحَذَّ عَشَنْزَراً
Note am Rande: (¹ الأَحَذُّ الجادّ الماضي

---

1) Anders Lane, s. v. أَحَذَّ.

d. i. »Und gieb uns einen durchdringenden, schnellen Marsch (o Kameelin)" gehört zu شزر Grundbed. »drehen." Im Hebräischen entspricht שׂיר (jüd. aram. ebenso), was zu dem allgemeinen Lautverschiebungsgesetze nicht stimmt, da hebr. und aram. Shin arab. Sin erfordern, arabisch Shin aber hebr. und aram. Sin entspricht. Wir sind nun nicht im Stande mit Sicherheit zu sagen, ob im Arabischen resp. im Hebr. (Aramäischen) es ursprünglich سزر resp. שׂיר heissen sollte. (Dass in dieser Form durch Verwandlung des Sin in Shin eine Dissimilation eintrat, ist bei der nahen Verwandtschaft von Sin und Zâ nicht auffällig). Da wir aber aus dem Arabischen noch ein Beispiel einer solchen Dissimilation kennen, nämlich شَمْس für zu erwartendes سَمْس, so dürfen wir vielleicht auch hier vermuthen, dass das Arabische die unregelmässige Bildung hat. — شزر wird zuerst vom Seile gebraucht, dann von den Augen, »sie drehen," »jemanden schief d. i. erzürnt ansehen," »gedreht" d. i. stark sein entwickelt in شَنْزَرَة, das bei Djauh. fehlt, aber bei Ibn Doreid f. ١٣٩ ٢. durch غلظ, وخشونة erklärt wird. Hiervon ist dann عَشَنْزَر gebildet. — Ähnlich verhält es sich mit عَشَوْزَن »hart, stark, dick" fem. عَشَوْزَنَة (belegt bei Djauh.). Es geht auf شَزَن »hart sein" (daher dann auch »müde sein "d. i. von den Gliedern »steif werden;" ein ähnlicher Übergang ist in نَصَبَ zu constatiren; es bedeutet ursprünglich »grade stehen," dann »müde sein") zurück — So werden wir auch kein Bedenken tragen, عُصْلُبِيّ (belegt bei Djauh., vollständig Kâmil p. ٢١٩. Z. 2.) »stark," lieber zu صلب zu stellen, als es mit den Arabern (Djauh. s. v. عصب) durch Einschiebung eines Lâm an dritter Stelle aus عصب entstanden sein lassen. صَلْبَ »hart sein" ist gut arabisch und nicht etwa erst von صَلِيب

pers. چلیپا abgeleitet, wenn auch die verwandten Sprachen nichts Aehnliches besitzen (Syrisch und Äthiopisch haben nur das Fremdwort). — عِضْرِط »podex." (z. B. Meidâni ed. Freyt. Vol. I. p. 58.) gehört zu ضَرَط »pedere." — Fraglicher ist mir, ob man عِضْرِس »Hagel" (belegt bei Djauh.) zu ضَرَس »beissen" stellen kann; der Hagel als »der beissende" wäre vielleicht eine ertragbare Metapher. — عَطْرَد »lang, entfernt" (Djauh. عَطْرَد, بِناءُ عَطْرَد يومُ, Ibn. Dor. ed. Wüstenf. p. 145. Z. auch عَطْرَد (شَأْو) gehört zu طرد. Grundbedeutung »treiben" (in Hebr. vom Wasser gesagt, im Syrischen ist ܛܪܕ »vertreiben") daher »in die Länge treiben, fliessen." Schon اِطْرَن heisst nach Freyt. im Divân der Huds. »lang sein" (vom Zügel). — عَطْرَق Ibn. Dor. ed. Wüstenf. p. 327. 11. »lang, von schlotternder Gestalt" (fehlt bei Djauh. und Freyt.) geht auf أَطْرَق »schlotternde Kniee habend" (von der Kameelin) zurück. — Deutlich ist عِظْلِم (von der Nacht) »dunkel" (fehlt bei Djauh. vgl. aber z. B. Meidâni ed. Freyt. I. B. p. 121) und eine schwarze Farbe. (Ibn Dor. ٢. ١٤٣ f. ; والعِظْلِيمُ صِبْغٌ قالوا أَسْوَدُ وقال قوم بل هو البَقَّمُ بَقَّمُ wäre eine rothe Farbe vgl. Djawâl. ed. Sachau. p. ٢٤. Z. 1.) von ظلم »Finsterniss" gebildet. — عِفْرِسَة (fehlt bei Djauh.) nach Ibn Dor. ed. Wüstenf. p. 304 unten, »etwas mit Gewalt nehmen, plündern," عِفْرَاس nach Ibn Dor. f. ١٧٨ᵛ. Beiname des Löwen gehören zu فرس »den Hals brechen" (speciell vom Löwen gebraucht vgl. Djauh. وفرس —. الأَسَدُ فَرِيسَتَهُ يَفْرِسُها فَرْسًا وافترسها أى دَقَّ عُنُقَها). Vermuthungsweise möchte ich auch عَفَنْقَس »von schwieriger Natur," اِعْفَنْقَسَ sich so zeigen (belegt bei Djauh.) von قعس (vom Vogel) »sein Ei verderben" ableiten. (Diese Bedeutung giebt Djauh. allein an ; نقس »sterben" wird, wie wohl schon Freyt. mit seinem »conf. تفس" bemerken will, aus تفس = تفز »sich zusammenziehen," daher »sterben" umgestellt oder verschrieben sein). In den verwandten Dialecten ist die Wurzel nicht vorhanden. — عَمَرّد haben Djauh. und Ibn Dor. ed. Wüstenf. p. 327. Z. 1. nur in der Bedeutung »lang," »entfernt" (mehrfach belegt bei Djauh.), nach Kâmûs soll es auch »schlimm," »schlau" vom Wolfe bedeuten. Wäre das Letztere begründet, so wäre die Ableitung von مرد »widerspenstig sein" sehr einfach. — عَمَرَّس »stark" (vom Manne) belegt bei Djauh., gehört zu مرس Grundbed. »zusammenpressen," ursprünglich vom Seile gesagt, das auch im Syr. ܡܪܣ heisst, dann wie häufig bei den Begriffen des Drehens »stark sein" ursprünglich »fest gedreht."

عَمَلَّس »stark und schnell auf dem Marsche," auch Beiname des Wolfes (belegt bei Djauh.) gehört zu ملس Grundbed. »glatt sein ;" (im Äthiop. dasselbe). Den Übergang zwischen »glatt" und »schnell" haben wir bereits bei عجرد bemerkt (ملس »castriren" ist zunächst auch »glatt machen").

عَمَرَّط »leicht" gehört zu مرط »die Haare ausreissen, glatt machen" (ebenso syr. ܡܪܛ, hebr. מרט hat auch schon die übertragene Bedeutung »glätten, poliren" angenommen) mit Annahme derselben Metapher wie beim vorhergehenden Worte.

Fraglicher ist es, ob عُمْرُوط »Räuber" auch hierher gehört; es wird aber dadurch, dass أَمْرَط auch bei Djauh. in derselben Bedeutung erwähnt wird, wahrscheinlich gemacht.

Auch عَمَلَّط »stark für die Reise" wird zu ملط gehören. Es wird ursprünglich auch »schnell" bedeutet haben (vom Kameele), was dann von أَمَلَطُ »glatt" abzuleiten wäre.

Darf man عَنْشَطُ (wofür auch عَشَنْطُ gesagt wird) »lang" zu نشط stellen, das ursprünglich den Knoten lösen (daher dann »frei," »fröhlich," »ungebunden" sein) bedeutet? Die Bedeutung »lang" »ausgedehnt" liesse sich davon leicht ableiten. — عَرْهُولٌ ist nach Ibn Dor. f. ١٧٣ ٧. »schnell, leicht" und stellt sich dann zu زهل »glatt sein". — Da سِلْقٌ und سِلْقَةٌ Namen des Wolfes sind, so wird man auch عَسْلَقٌ, das Ibn Dor. f. ١٤١ ٢., als Name des Wolfes angegeben wird, zur Wurzel سلق stellen dürfen. — Fraglich ist, ob man عُفْضِج und عِفْضِج »dick, fest," zu فضج »triefen" (zuerst vom Schweisse, dann auch von Fett) stellen darf. Ibn Dor. f. ١٢٨ ٧.

عِفْضِج وعُفاضِج وهو مثل الحِفضِج سواءٌ والحِفضِم الضخم العريض من الرجال القليل الغناء وقالوا حِفضاج وعِفضاج والعُفاضِج واسم الجِلد قال الشاعر
عَبْلَ ٱلشَّوَاةِ سَنِمًا عُفَاضِجَا

ferner Ibn Dor. f. ١٨٧ ٢. (Die Handschrift hat irrthümlich عِفاجا.) Metrum Redjez. Über عبل الشوى vgl. Djauh. s. v. شوى.

وَعَكْلَدٌ Ibn Dor. f. ١٣٥ ٧. عَكْلَدٌ شديد صلب يقال جمل عكلد وناقة عكلد لا تدخلها الهاء (d. h. ohne Antritt der Femininendung) صلبة شديدة gehört zu كلد, wovon اكلندى »stark sein" (vom Kameele) bedeutet. عَكَلَطُّ ist eine Variante unseres Wortes.

عَثْلَبَ »zerstören" Ibn Dor. f. ١٠٩ ٢. ويقال عَثْلَبْتُ الحَوْضَ عَثْلَبَةً وعِثْلابًا اذا هدمتها وكذلك البيت قال الراجز
وَٱلنَّوَى بَعْدَ عَهْدِهِ ٱلمُعَثْلَبِ

nach ; ويروى وَٱلنَّوَى أَمْسَى جَدْرُهُ مُعَثْلَبًا

Djauh. »Holz vom Baume abreissen, ohne zu wissen, ob es zum Feueranschlagen zu brauchen ist," und daher أَمْرٌ مُعْتَلَبٌ »eine unentschiedene Sache" gehört zu ثلب »brechen, spalten."

عَدْرَجٌ »leicht, schnell" nach Ibn Dor. f. ١٤٤ ᵛ. kann man zu دَرَج »schreiten" stellen; رِيحٌ دَرُوجٌ ist nach Djauh. ein schneller Wind. — عَدْهَلَ nach Ibn Dor. f. ١٣٤ ᵛ. neben عَبْهَلَ gesagt »die Kameele frei laufen lassen" gehört zu ذَهِلَ »vergessen." — عَفْلَقٌ nach Ibn Dor. f. ١٤٣ ᵛ. الضخم المسترخي وربّما سمّي الفرج الواسع عفلقًا wird vielleicht zu فلق »spalten" gehören. In derselben Bedeutung kommt nach Ibn Dor. f. ١٨٧ ᵛ. auch عُفَالِقٌ vor. — عَجْلَدٌ »dick" (von der Milch) darf man wohl zu جلد stellen. Es bedeutet ursprünglich »eine Haut bekommend". عَجْلَطٌ, das dasselbe bedeutet, wird nur eine Variante davon sein. Vgl. auch oben den Wechsel von عَكْلَدٌ und عَكْلَطٌ. — عِرْصَافٌ plur. عَرَاصِيفُ (vgl. darüber die ausführliche Erläuterung bei Lane s. v. عُصْفُرٌ, was auch dafür gesagt wird) könnte möglicherweise zu رصف Grundbed. »fest machen, verbinden," daher dann »pflastern." (Vgl. auch hebr. רִצְפָה Pflaster) gehören. Ibn. Dor. f. ١٧٩ ᵛ. وعِرْصَافٌ وعِرْفَاصٌ خصلة من العقب المستطيل وربّما سمّي السوط من العقب عرفاصًا وتسمّى الخصلة من العقب التي يشدّ بها أعلى قبّة الهودج عرفاصًا Das Ursprüngliche ist gewiss عِرْصَافٌ und man wird das zu رصيف »Sehne des Pferdes" stellen dürfen. — تَعَكْبَسَ nach Ibn Dor. ed. Wüstenfeld. p. 326. »gehäuft sein" (von der Nacht) عُكَابِسٌ neben عُكَامِسٌ »sehr finster" darf man vielleicht zu كبس »anfüllen" stellen; doch concurrirt hier noch عكس, wovon عكيسة (von der Nacht) »dunkel." Ibn Dor. f. ١٩٥ ‏‎r. وشَعْرٌ عَلَنْكَسٌ وَمُعَلَنْكِسٌ وهو الاسود الكثير النبات وكذلك العرنكس واشتقاقه من اعرنكس الليل واعلنكس قال الراجز وَآعرَنْكَسَتْ أَهوَالهُ وَآعرَنْكَسَا اى تراكب بعضها على بعض ويروى باللام واعلنكست واعلنكسا اهواله, ähnlich äussert er sich f. ١٩١ v., dort führt er ausserdem noch an انا مُعَلَنكِسٌ بموضع كذا وكذا اى مقيم به. Nach Djauh. ist اعرنكس »sich zusammenziehen," (von Dingen) »sie auf einander legen," اعرنكس(vom Haare) »schwarz sein." Die Formen mit R und L werden identisch sein und die mit R wahrscheinlich die ursprünglichere. Ich möchte das Wort von ركس »so umwenden, dass das Unterste zu Oberst kommt" ableiten. Wenn die Form mit R die ursprünglichere ist, so darf man auch معلنكس »sich aufhaltend" zu ركز (vgl. مركز »der Ort, wo man sich aufhält" urspr., wo man die Lanze einsteckt") stellen. — Wenn عَصْلَدٌ, عصلد »hart" des Ḳamûs begründet ist, so gehört es deutlich zu صَلْدَ »hart sein."

Hierher gehören auch noch einige Fremdworte, in denen 'Ain für Hamza eingetreten ist. عُمْرُوسٌ »Böckchen" syr. ܐܡܪܘܕܐ (vgl. Djawâliqi ed. Sachau p. ١٠٩), auch عرجن nach Ḳamûs »roth färben" ist gewiss von أُرْجُوانٌ »Purpur" (hebr. אַרְגָּמָן) abzuleiten. Endlich ist noch عَسْقَلانْ zu erwähnen, das hebr. אַשְׁקְלוֹן und syr. ܐܫܩܠܘܢ gegenüber steht.

An Stelle des 'Ain ist einmal ein Ġain eingetreten, nämlich in غَسْلَبَ »berauben." Ibn Dor. f. ١١٩ v. وَالغَسْلَبَةُ انتراعك الشيء من يد الانسان كالمغتصب له. Das gehört deutlich zu سلب. (Im Hebr. scheint שָׁלַח »ausziehen" zu entsprechen). Ein lautlicher Grund für die Verwandlung des Ain in Gain bietet sich nicht dar.

Man sieht, dass das ʿAin in einer Reihe von Worten aus dem Hamza der 4ten Form des Verbums أَفْعَلَ, bei anderen aus dem der Adjectiv-form أَفْعَل entstanden ist.

Wenn wir nun die aufgeführten Bildungen untersuchen, um den lautlichen Grund der Verwandlung des Hamza in ʿAin zu ermitteln, so liegt er bei عضرط, عصلبى, عصفور, عصلد, عظلم, عطرق, عطرد klar. Hier hat der emphatische Consonant den Einfluss gehabt, dass der vorhergehende Laut sich ihm anähnlichte. Wir haben den Vorgang ähnlich aufzufassen, wie die Verwandlung des Sin vor emphatischen Lauten in Sûd. — In عذهل, عرهول, عبهل, عبهم ist die Verwandlung vermuthlich dem Einflusse des Hê zuzuschreiben. — Nicht ganz sicher bin ich darüber, ob man dem R in عمرط, عمرس, عمرد, عجرف, عجرد, عركس. عرصاف einen ähnlichen Einfluss zuerkennen darf. — Gestützt wird diese Vermuthung dadurch, dass auch eines der aufgeführten Fremdworte mit R beginnt, ein anderes ein R in der Nähe des ʿAin hat. (Bei عسقلان ist die Verwandlung wohl auch der Nähe des emphatischen Consonanten zuzuschreiben).

Es bleiben aber noch immer eine Anzahl Bildungen übrig, bei denen sich lautliche Gründe für die Verwandlung eines ursprünglichen Hamza in ʿAin nicht ermitteln lassen, so namentlich auch das ursemitische عثكول. Wir werden nun nach meiner Meinung annehmen müssen, dass diese Bildungen gemein arabisch gewordene Reste einer dialectischen Eigenthümlichkeit sind, die darin bestand, dass das Hamza dem ʿAin sehr ähnlich gesprochen wurde.

Djauh. s. v. عنن berichtet ausdrücklich als Eigenthümlichkeit des Stammes Temîm, das Hamza wie 'Ain auszusprechen. So wird man عثكول zu erklären haben, von dem vielleicht auch das ähnlich klingende عثجل angezogen sein mag. Zu diesen Bildungen hat man dann wohl die Formen zu stellen, die Sujûtî im Muzhir (Bûlâqer Ausgabe) Bd. I. p. ٢٢٣. aufführt. Man sagt كثع neben كثاء, لمع neben لماء, ذعف neben ذأف, عسن neben أسن auch عن für أن. (Er hat auch noch سثف neben سعف, da ist das Letztere wohl ursprünglicher). Leider finden sich die von ihm angeführten Wurzeln (sämmtlich auch bei Djauh.) nicht in den verwandten Sprachen, so dass sich die Priorität des Hamza nicht mit Sicherheit constatiren lässt.

Mehrlautige Bildungen durch Vorsetzung von Hê vor die dreilautige Wurzel entstanden.

هَبَلَع »gefrässig" (belegt bei Djauh.) stellt sich zu بلع »schlingen." — هِزلاج nach Djauh. »der schnelle Wolf" هَزْلَج nach Ibn Doreid f. ١٥٠ ٢. »der schnelle Strauss" gehören zu زلج »gleiten." — هَطْلَس (fehlt bei Djauh.) »der Wolf" gehört deutlich zu أَطْلَس, häufig Beiname des Wolfes (z. B. Kâmil p. ٢٠٨). Daher wird dann هطلس übertragen auf den Räuber. Ibn Doreid f. ١٤١ ٢. الهطلس اللص القاطع يهطلس كلّ ما وجده اى يأخذه

هِلْقَام nach Djauh. »dick, lang" auch Name des Löwen, Ibn Dor. erklärt f. ۱۴۶ ۲. الهلقم الواسع الاشداق من الابل خاصّة وربّما استعمل لغيرها وبه سمّى الرجل هلقامًا وبعير هلقم كأنّه يلتقم ما يطرح فيه ويقال هلقم الشىء اذا ابتلعه

Hier ist die Herkunft von لقم sehr deutlich zu erkennen. So wird auch هَمَلَّع (vom Kameele) »schnell" nicht, wie Djauh. will, von هبع mit eingeschobenem Lâm sondern von ملع »eilen" (vom Kameele) herkommen. Ibn Dor. f. ۱۹۳ ۲.

وبعير هملّع سريع السير قال الشاعر
سَمَام نَجَت مِنهَا المَهَارِى وغُودِرَت   أَرَاحِيبُهَا وَالمَاطِلِىُّ الهَمَلَّعُ
سيام الواحدة سمامة ضرب من الطير شبه الابل بها وربما سمى الذئب هملّعا والماطلىّ منسوب الى ماطل وهو فحل معروف وقال قوم بل هو الذى يماطل ويطاول فى السير ولا يعطى كلّ ما عنده وربما قيل مَشى هملّع اذا كان سريعا تجعل صفة للمشى قال مالك بن حريم الهمدانى يصف فرسا
قويرِحُ سبع أو ثمان ترى لها   اذا اعرورت البَيدا مَشيًا هَمَلَّعَا

Der erste Vers bedeutet: (Kameele wie) Samâma Vögel, unter denen vorauseilten die Kameele vom Mahrastamme, während zurückgelassen wurden, die unter ihnen von Arhab stammten und die raschen Kameele von Mâṭil. (M. Ṭawîl).

المَهَارى vergl. Djauh. s. v. مهر. ومهرة بن حيدان ابو Zu قبيلة تنسب اليها الابل المهرية والجمع المهارى وان شئت خفّفت الياء

Der zweite Vers bedeutet: Ein Pferdchen mit allen Zähnen, von sieben oder acht Jahren, an dem du, wenn es durch die Wüste zieht, raschen Gang siehst. (M. Ṭawîl).

Zweifelhafter bin ich, ob man هِزَبر, bei Djauh. und Ibn

Dor. als Name des Löwen aufgeführt, zu زبر stellen darf, so dass es ursprünglich »der rauhe" bedeuten würde.

Es ist mir nicht gelungen, über die Natur dieses Hê vollkommen klar zu werden. Der erste Gedanke ist natürlich, unsere Formen als Reste der alten Causativbildung, wie sie sich in Hebräischen findet, aufzufassen. Dann müssten sich diese Bildungen aus ursemitischer Zeit erhalten haben. Sie machen aber durchaus nicht den Eindruck, so alt zu sein. Sie sind, wie man sieht, alle *Adjectiva* und stellen sich so zunächst zu der Form أَفْعَل. (Höchstens bei هبلع und هلقام liesse sich denken, dass sie auf Verbalformen zurückgehen). Diese Form hat aber auch im Hebräischen kein Hê, sondern Elif vgl. אכזב אכזר. Unsere Formen aber etwa mit dem Infinitivus Hiphil — einem Nomen abstractum mit deutlicher verbaler Natur — zusammenzustellen, wird man gewiss nicht wagen dürfen. Minder wichtig ist vielleicht, das mit Ausnahme von بلع keine der Wurzeln, von denen unsere Bildungen abstammen, ursemitisch ist. Etwas Anderes ist es mit einigen Verbis, in deren vierter Form sich neben Hamza noch Hê findet. Es sind nach Mufaṣṣal, p. ١٧٥ unten, هرقت الماء هرحت الدابّة هنرت الثوب هردت الشيء wozu Sujûtî (Muzhir Bûlâq. Ausg. Bd. I. p. ٢٣٣.) noch هبرت له fügt. هراق mag wirklich aus ursemitischer Zeit im Arabischen erhalten sein. Durch die Analogie dieses Wortes werden dann die vier übrigen, sämmtlich auch schwachen Verba (von denen zwei auch noch mit R beginnen; soll dieser Umstand vielleicht etwas zu bedeuten haben?) angezogen sein. Man hat auch noch هيكل mit היכל zusammengestellt. Doch ist die Etymologie des Hebräischen Wortes noch gar nicht genügend aufgeklärt, und ich möchte es deshalb vorziehen,

هيكل zu einer Wurzel هكل, deren Existenz aus هرکولة zu erschliessen ist, zu ziehen. Da ich also Analogieen für Bildung von Adjectiven mit Hê nicht finde, so kann ich über unsere Formen kein bestimmtes Urtheil äussern.

Mehrlautige Bildungen entstanden durch Einschiebung eines R nach dem ersten Radicale der dreilautigen Wurzel.

Hierher gehört zunächst ein ursemitisches Wort بُرْغُوث »Floh," hebr. פַּרְעֹשׁ syr. ܡܕ̈ܢܚܠܐ. Die Wurzel ist wohl بعث und die Verwandlung des Ain in das schnarrende Gain ist dem eingeschobenen R zuzuschreiben. — خَرْبَقَ Djauh. يقال جدّ فلان فى خرباته أى فى ضرطه; dies gehört sicher zu خبق. (Nicht ganz klar ist mir, wie die Bedeutung »die Kleider zerreissen" zu خربق kommt; da daneben auch noch خَبْرَقَ vorkommt, so möchte ich vermuthen, dass das fremd ist). Die Grundbedeutung der Wurzel scheint »pressen" »drücken" zu sein (vgl. hebr. חבק »umarmen, an sich pressen") daher dann مُخَرْنَبِق (z. B. Meidâni ed. Freyt. I. p. 680) ursprünglich »sich zusammendrückend." — مُخَرْنَشِم »sich brüstend" Djauh. خَيْشُوم »Nase," gehört zu المتعظم المتكبر فى نفسه, ursprünglich »die Nase hoch tragend". Es soll aber auch bezeichnen المتغير اللون الذاهب الشكم واللحم; das gehört zu خشم »verdorben sein" vom Fleische. Djauhari خشم اللحم تغير. Die Grundbedeutung von خشم wird

»dick", »fett" sein. Der Wechsel von »fett" und »verdorben" durch den Mittelbegriff »übelriechend" vermittelt findet sich öfters. — خرطوم »Nase," خراطيم (mit verständlicher Metapher) »Aufführer," مخطرنطم »übermüthig, zornig" (das Erstere »die Nase hoch tragend," das Andere »durch die Nase fauchend," vgl. auch dazu die alttestamentliche Redensart (וַיִּחַר אַף יְהֹוָה) gehören zu خطم »Nase," (hebr. חטם) wovon خطام »Zaum" erst denominativ abgeleitet ist. (Auch Syrisch ܣܘܣܝܬܐ und jüd. aram. חרטום). — اضرغط vor Zorn anschwellen (Ibn Dor. f. ١٩٥ r.

عنده قال   قد بعثونى راعى الاوز   مضرغط ضخم لا غناء

لكل عبد مضرغط كز   ليس اذا جئت يرمهز   مرمهز مستبشر

(Metrum Redjez).

d. i. »Sie sandten mich, als Hüter der Gänse, für jeden aufgeblasenen, hässlichen Sklaven, der mich nicht freundlich empfing als ich kam," gehört zu ضغط »pressen drücken." — ضرغامة »Löwe" (Kâmil p. ١٢٨. 5. p. ٤٥٧. 12) gehört zu ضغم »beissen;" vgl. auch ضيغوم. Es wird schon von den Arabern (z. B. Ibn Doreid) dazu gestellt. — عربدة »hässliches Wesen," معربد »wer seinen Mitzecher verletzt" عربد »von der Schlange zischend, ohne zu schaden," gehören zu عبد »zornig sein," das von عبد »dienen" zu trennen ist. — عرقوب (Kâmil p. ٦٨١. 10. p. ٩٣١. 14.) »die dicke Sehne an der Ferse" (davon عرقب denominativ »diese Sehne zerschneiden"), »ein biegungsreiches Thal" (und تعرقب denominativ »den Weg durch ein solches nehmen") und daher عراقيب »Schwierigkeiten." Dies Alles weist deutlich auf die Wurzel عقب zurück. Alle einfachen Ableitungen dieser Wurzel lassen uns nur den Begriff »Ferse" erkennen

(عقب «die Ferse schlagen" denominativ, عاتب «Jemandem auf der Ferse sein, um zu strafen" oder auch «Belohnung davon tragen" was auch auf den Begriff «hinterher" zurückkommt). Die Grundbedeutung der Wurzel wird man aber wohl mit Dietrich als «biegen" anzusetzen haben, und darauf geht dann عرقوب «das Thal mit vielen Biegungen" zurück (ערקוב findet sich auch im Jüd. Aram. z. B. Bechoroth f. 40; das wird aber aus dem Arabischen übernommen sein). — مُفَرطَم (vom Kopfe) «breit" gehört zu فطم; راس مفطّح wird in derselben Bedeutung von Djauh. aufgeführt. — اِقرَنبَع «sich zusammenziehen" vor Kälte (woneben auch اِقرَعبّ gesagt wird. Ibn Dor. f. ١٩٤ ٧. اقرعبّ الرجل اذا تقبّض ومقرعبّ (متقبّض) gehört deutlich zu قبع. Die Grundbedeutung der Wurzel ist «einstecken", erhalten im Syr. ܩܒܥ «einstecken" (daher jüd. aram. קבע «bestimmt" eigentlich «festgesteckt"). Hebr. קבע bedeutet «betrügen und rauben" was auf «verstecken" zurückgeht. Der Vogel قبعة ist auch darnach benannt, weil er den Kopf einzieht. قبعة heisst der Blumenkelch, weil er die Blüthen verhüllt, versteckt. — اِقرَنصَع «sich zusammenzichen" gehört zu قصع. Die Grundbedeutung ist «zusammenpressen" (Djauh. قصع القملة وهو ان يهشمها ويقتلها). Daraus ergiebt sich «kauen" قاصعاء (mit mehreren Nebenformen) «das Loch, in das die Maus kriecht" urspr. «enge." — قَرضَبَ «durchschneiden," قرضاب und قرضوب (vom Schwerte) «den Knochen durchschneidend," gehören zu قضب «durchschneiden" hebr. קצב. Ich bin nicht ganz sicher, ob man auch قُرضوب «der Arme" (daher auch «der Räuber") قَرضَبَ «etwas Trockenes essen" hierher zu stellen hat. Vielleicht hat man diese Worte zu قرض «nagen" zu ziehen. — Hierher gehört auch قُرْطُعْبَةٌ »ein Stückchen" (auch قُرْعُطْبَةٌ), dessen Ableitung den Arabern unbekannt ist. Djauh. bemerkt zu diesem Worte (und einigen ähnlichen), قال ابو عبيد ما وجدنا احدا يدرى أصولها. Es ist ein Scherzwort, das zu قطع »schneiden" gehört (belegt bei Djauh. und Ibn Dor. f. ١٧٥ ᵛ.). — قَرْفَصَ »den Menschen zusammenziehen und ihm Hände und Füsse binden" (belegt bei Djauh.), قُرْفُصَاء eine bestimmte Art zu sitzen von Djauh. breit beschrieben, im Grunde auf »sich zusammenziehen" zurückgehend (ebenfalls bei Djauh. belegt) gehört deutlich zu قفص »zusammenbinden" (syr. ܥܡܨ »zusammennehmen," hebr. קפץ dasselbe). — Nach Ibn Dor. f. ١٨٠ ʳ. ist رجل عِرقَالٌ لا يستقيم على رشد; nach Djauh. bedeutet عَرَاقِيل »Unglück." Das Wort gehört zu عقل, dessen Grundbedeutung, wie hebr. עקלקל syr. ܚܡܠ beweisen, »krümmen" ist. Vgl. auch syr. ܚܘܪܙܠ und jüd. aram. ערקל. — Ibn. Dor. f. ١٣٩ ᵛ. تقرعَفَ الرجل واقرعَفَّ وتقرفَعَ اذا تقبّض. Die ursprünglichere Form wird تقرفع sein und dieses zu قفع, Grundbedeutung »umbiegen" gehören; vgl. Djauh. bei اقفع. — قَرْمَطَ »eng schreiben", اقْرَمَطَّ (von der Haut) »Runzeln bekommen", (belegt bei Djauh.) »enge Schritte machen" (nach Ibn Dor. f. ١٩٣ ʳ. bildet man auch قَرْمَطِيطٌ in der Bedeutung متقارب الخطو) gehört deutlich zu قمط, Grundbedeutung »pressen" »drücken" (jüd. ar. und hebr. קמט »fesseln"; syr. ܩܡܛ nur in der übertragenen Bedeutung »sich runzeln," davon ist dann auch مُقَمَّطٌ »er runzelt" (seine Stirne) und مُقَمَّطٌ »gerunzelt" gebildet. (Die Kenntniss dieser Bildungen verdanke ich einer Mittheilung von Herrn Prof. Noeldeke). — قَرْمَشَ nach Ibn Dor. f. ١٣٨ ᵛ. قرمش الشىء وقرشمة

فِرْطِيس مقلوب قمش »sammeln." — فِرْطِيس اذا جمعه (mit einer Reihe von Nebenformen, nämlich فنطيس (Ibn Dor. f. ١٩٨ ʳ.). فرطوسة bei Djauh. فلطيسة (Ibn Dor.) Kâmûs verzeichnet noch einige andere) »der Rüssel des Schweines", dann nach Ibn Dor. الرجل عريض الانف gehört zu فطس, dessen Grundbedeutung »platt sein" im Arabischen auf »eine platte Nase haben" übertragen ist. In פַּטִּישׁ »Hammer" ist uns die Grundbed. noch deutlicher erhalten. Oder soll man vielleicht den Schweinsrüssel direct »Hammer" genannt haben. (Im Syr. entspricht die Bildung ܡܙܗܕܗܐ). — فَرْقَعَ »mit den Fingern ein Schnippchen schlagen" gehört deutlich zu فقع, das nach Djauh. dasselbe bedeutet; Grundbedeutung »platzen" vgl. syr. ܩܒܥ daher dann auch die Bedeutung, die Ibn Dor. f. ١٣٩ ᵛ. überliefert. وقال بعض العرب سمعت فرقاع فلان اى ضرطه. Bei einigen der aufgezählten Bildungen ist noch sehr deutlich, dass das R zum Zwecke der Dissimilation, um einen Doppelconsonanten zu vermeiden, eingetreten ist. So bei مفرطم, das für مفطّم steht, bei فرقع, das gleich فقّع ist. Dieselbe Art der Ersetzung eines Doppelconsonanten durch R findet sich auch im Hebr. קַרְדֹם gegenüber قَدُّوم. Auch bei einer Reihe anderer oben aufgeführter Bildungen, wo die Form mit Tešdîd überhaupt nicht vorkommt oder doch in anderer Bedeutung, lässt sich doch erweisen, dass eine Intention der ursprünglichen Bedeutung eingetreten ist. (So ist خطم »Nase" خرطوم »Rüssel;" قَضَب nur »abschneiden" قرضب dagegen »durchschneiden," »durchhauen," u. a. m.). Man wird daher auch wohl von den Bildungen, bei denen es sich nicht mehr mit Sicherheit constatiren lässt, annehmen dürfen, dass sie auf ähnliche Weise entstanden sind. Die Neigung, die Verdoppelung eines Consonanten zu vermeiden, musste naturgemäss am stärksten sein, wenn er ein Kehlhauchlaut (dessen Verdoppelung ja auch im Hebräischen nicht ertragen wird), oder ein jenen nahe stehender emphatischer Laut war. So erklären sich اصرغط, خرطوم, برغوث, عرقال, قرطعبة, قرضب, اقرنصع, مفرطم, عرقوب, ضرغامة, فرقع, فرطيس. Aber auch die noch übrigen Bildungen, die den emphatischen Laut an erster Stelle haben, müssen aus demselben Bestreben hervorgegangen sein. Nach einem, immer mit einer gewissen Anstrengung zu sprechenden emphatischen oder Kehllaute noch einen verdoppelten Laut zu sprechen, war eine Mühe, der die Sprache durch die Dissimilation zu entgehen suchte, namentlich wenn sich wie in ترمط, ترقع, ترنص, اقرنبع, خربق noch ein Kehl. oder emphatischer Laut im Worte fand. — (Auch die hebräischen Bildungen dieser Art haben mit Ausnahme von עַרְבִים alle einen Guttural oder emphatischen Laut an erster oder zweiter Stelle. בַּרְזֶל, das zur Dissimilation keinen Anlass zu geben scheint, wird eher zu ברז als zu בזל gehören; ebenso findet sich auch im Syr. die Einschiebung eines R meist bei Wurzeln der beschriebenen Art. Auch unter den dreizehn bei Noeldeke Neusyr. Gramm. p. 191 aufgezählten Bildungen dieser Art sind nur 3, die diesen Bedingungen nicht genügen).

Mehrlautige Bildungen entstanden durch Einschiebung eines L nach dem ersten Radicale der dreilautigen Wurzel.

اِذْلَعَبَّ und اِزْلَعَبَّ gehören beide zur Wurzel زعب. Die Grundbedeutung ist "stürmisch erregt sein" (vom Wasser), daher dann "voll sein" vom Strome. Aus diesem Begriffe entwickelt sich "reissend schnell sein", was wir in اذلعبّ (vom Kameele) "eilig weglaufen" (belegt bei Djauh.) antreffen. Daraus wird ذِعْلِبٌ und ذِعْلِبَةٌ "schnelle Kameelin" ebenso wie تذعلب "sich heimlich entfernen" umgestellt sein. (Ich bin zweifelhaft, ob man زعب zu יָעַף stellen darf, wozu man sich, da auch זַלְעָפָה dem اِزلعبّ entspricht, versucht fühlt. Doch weiss ich nicht, wie man es dann mit زعف "auf der Stelle tödten" zu halten hat).

اِزْلَغَبَّ (vom Haare) "hervorkommen, nachdem es abgeschoren war" und (vom Vogel) "sich mit Federn bedecken" gehört deutlich zu زغب, das dieselbe Bedeutung hat. Auch schon Djauh. führt unser Wort s. v. زغب auf. — جَلْمَدٌ und جَلْمُودٌ "Stein," (vom Kameele) "gross" (vgl. auch Kâmil p.۱۳۳. ۱۹; p.۱۴۱ ۱۹) gehört zu جمد "hart sein" (daher جامد "Mineral"); auch hebr. גַּלְמוּד "unfruchtbar" urspr. "steinig, hart." Doch concurrirt hier allerdings auch جلد "hart sein." — صلخدى "stark" (vom Kameele) fem. صلخداة plur. صَلَاخِدُ gehört zur Wurzel صخد Grundbed. "stark sein" (dann von der Sonnengluth gebraucht) daher صيخود "der harte Stein." اصلخدّ "sich grade stellen" ist ursprünglich "sich zur Sonne wenden." — Auch عُلَبِطٌ und عُلَابِطٌ "dick," auch eine Heerde Schaafe, wird man wohl zu عبط stellen dürfen.

(Das Wort ist bei Djauh. und Ibn Dor. f. ııʌ r. mit demselben Verse belegt. Ausserdem citirt Ibn Dor. noch وقال الآخر
لَو انها لَقَتْ غُلامًا غَائِطًا أَلقَى عَلَيْهَا كَلْكَلًا غُلَابِطًا
Die Grundbedeutung ist wohl im Syr. ܚܨܝܒ »dick" erhalten. Wenn مَاتَ عبطةً »er starb in voller Frische" richtig ist, so scheint sie da noch ziemlich deutlich durch. Das hebr. עבט »verpfänden" ist durch den Mittelbegriff »fest" aus »dick" entstanden. — زُلْقُومٌ »Kehle" (nach Analogie von حلقوم gebildet) gehört zu زقم »schlucken" und wird schon von Djauh. darunter aufgeführt. — اِسْلَهَمَّ »sich in Farbe und Gestalt verändern" (Kâmil p. ١٤٩ Z. 11 derselbe Vers Ibn Dor. f. ١٣١ r.

رَأَيْنَ شَيْخًا شَابَ وَاتْلَحَبَّا طَالَ عَلَيْهِ ٱلدَّهْرُ وَآسْلَهَمَّا

»Sie sahen einen Greis, der grau und alt geworden war, dem das Leben zu lang geworden und der sich verändert hatte") wird zu سهم gehören. Die uns erkennbare Grundbedeutung ist »Pfeil." Soll سهم »abmagern" » ausgedorrt sein" ursprünglich bedeuten »dünn wie ein Pfeil werden"? — اِصْلَنْطَحَ »grade stehen" gehört wohl zu صطح vgl. اصطلح. — مُسْلَحِبٌّ nach Djauh. »grade stehend," اسلحب »lang sein" (vom Wege), belegt bei Djauh. wird zu سحب gehören, Grundbedeutung »lang hinziehen, schleppen," (so auch hebr. סחב). Doch concurrirt allerdings noch لحب bei Djauh. لحب اذا مرّ مرّا — مستقيما. — اِسْلَنْطَحَ nach Djauh. »lang und breit sein," سُلَاطِحٌ سَلَنْطَحٌ bei Ibn Dor. f. ١٩٣ v. فضاء واسع und
وسلاطح ارض واسعة وربما سمّى الماء السايح Ibn. Dor. f. ١٨٥ r.
على الأرض سلاطحًا فى بعض كلام المتقعّرين
سلاطحًا بلاطحًا يناطح الاباطحًا

Schon Djauh. führt mit Recht dies Wort unter سطح
auf. Grundbedeutung »ausbreiten" (vgl. hebr. רטש). ــَ So
darf man wohl auch سَلَنْطَعٌ, das Ibn Dor. f. ١٩٤ ᵛ. durch
طَوِيلٌ erklärt, zu سطع stellen. Grundbedeutung »sich erhe-
ben" (vom Staube), »sich verbreiten" (vom Geruche), dann
aber allgemein »sich lang ziehen," vgl. سطع bei Djauh. طول
العنق. Vielleicht aber hat es man nur als Variante von سلنطح
aufzufassen. (Vgl. über den Wechsel zwischen ع und ح Sujûtî
Muzhir Bul. Ausg. Bd. I. p. ٢٢٤). — صِلْهَامٌ nach Ibn
Dor. f. ١٧٨ ᵛ. ورجل صلهام جريٌّ مقدم من قولهم اصلهم
الشى اذا صلب ist vielleicht zu صهم zu stellen. Vergl.
صهميم.

Deutlich gehört فلطح (Nebenform von فرطح) Ibn Dor.
f. ١٧٩ ʳ. فلطاح موضع واسع وكذلك راس فلطاح عريض zu
بطح. — So gehört بَلْطَحَ »jemanden platt auf den Boden
schlagen" (Ibn Dor. f. ١٠٨ ᵛ. يقال ضربه حتى بلطحه اذا
ضربه حتى يضرب بنفسه الأرض) deutlich zu بطح Djauh.
— بطحه اى القاه على وجهه. — مُجَلْهَدٌ »eifrig" Ibn. Dor.
f. ١٩٣ ᵛ. بعير مجلهد جاد ماض gehört zu جهد »sich
bemühen, eilen."

Auch hier haben wir wieder ein Beispiel, in dem das L
zur Vermeidung eines Doppelconsonanten eingeschoben ist
مفلطح (Kamûs) statt مفطَّح. In anderen Worten lässt sich
eine Intention der Bedeutung nachweisen, die die dreilautige
Wurzel hatte, so dass wir auch bei denen auf eine ursprünglich tešdidirte Form schliessen dürfen, so bei بلطح
gegenüber بطح. Wir werden also annehmen dürfen, dass
das L hier denselben Zweck erfüllt, wie bei den früher
betrachteten Bildungen das R; in der That haben auch
14 von den aufgeführten 15 Bildungen einen Guttural

resp. emphatischen Laut an zweiter Stelle. Nicht zufällig
wird sein, dass alle hier aufgeführten Bildungen (mit Ausnahme von علابط) von Wurzeln kommen, die einen Den-
tal oder Zischlaut an erster oder zweiter Stelle haben.

Mehrlautige Bildungen entstanden durch Einschiebung eines 'Ain nach dem ersten Radicale der dreilautigen Wurzel.

اِصْعَنْفَرَتْ (von den Eseln) »sie zerstreuten sich" und صَعْفَرَها
الخوف (belegt bei Djauh.), gehört zu صفر »pfeifen," das
speciell beim Esel gebraucht wird. — صَعْقَب »lang" gehört
zu صقب, nach Djauh. طويل من كل شيء (Das Ursprüngliche ist سقب und das Sad ist erst durch den Einfluss des
Kaf hervorgerufen). — تَعْسَر und تعسرى »dick und stark"
vom Manne (belegt bei Ibn Dor. f. ١٣٧ v.), قال العجاج
قَسْوَر und تَيْسَر vgl. قسر gehört zu أفنى القرون وهو تعسرى.
— اِتْعَنْصَر »sich bis zur Erde zusammenziehen" gehört deutlich zu قصر »verkürzen" (hebr. קצר). — اِتْعَنْفَز »unruhig sitzen" und جلس فلان القعفزى gehört zu نفز »springen."
(Grundbed. »wohl sich zusammenziehen, um zu springen,"
vergl. hebr. קפץ; im jüd. ar. auch קפז, so im Targ. z.
Hohenl. II. 8. — بَعْثَر (vom Grabe gesagt) »seinen Staub
zerstreuen" vgl. Sure 82. 4. 100. 9. gehört zu بثر, für das die
Bedeutung »zerstreuen" aus بثير كثير erschlossen werden
kann. — بَعْثَق nach Ibn Dor. f. ١٠٥ v. والبعثقة خروج الماء
من غائل حوض أو من جابية تبعثق الماء من الحوض

بثق اذا انكسر منه ناحية فخرج منها gehört deutlich zu »durchbrechen" (vom Strome). — تَعَجَّرَ Djauh. تعجرت الدم
ثجر, das وغيره فاثعنجر اى صبيته فانصب gehört zu mit فجر identisch ist, was auch schon Djauh. s. v. ثجر bemerkt. وانشجر الدم لغة فى انفجر (Zum Wechsel zwischen ث und ف vergleiche Sujûti Muzhir Bûlâq. Ausg. Bd. I. p. ۲۲۴. Z. 16—22). — Vielleicht gehört auch تَجَعْنَمَ in diese Kategorie. Ibn Dor. f. ۱۹۰ r. والجعثمة اسم والتجعثم الانقباض ودخول بعض الشىء فى بعض ولا ادرى ما صحته الّا انّهم قد سمّوا جعثمة d. h. sicher weiss ich nur, dass sie das Nomen proprium جعثمة gebrauchten. Man könnte es zu جثم »sich auf die Brust legen," stellen. — لَعِمَظَ nach Djauh. »habgierig sein," (vom Fleische) لعمظته und »es mif den Vorderzähnen herausreissen" gehört deutlich zu لمظ »lecken." — تَعَضَّبَ »ausrotten" (Djauh.) gehört zu عضب »abschneiden." — شَعْصَبَ Ibn Dor. f. ۱۱۷ r. وهو »شصب العاسى وشعصب الشيخ اذا عسا gehört zu trocken sein." — صَعْفَقَ Ibn Dor. p. ۱۴۱ v. والصعفقة تضاؤل الجسم وصَعْفُوقٌ اسم وليس فى الكلام فعلول بفتح الفاء الا صعفوق قال الراجز من آل صَعْفُوقَ وأشياع أُخَرْ (Vgl. auch Djauh. s. v. صعفق (dort اتباع) und Djâwâl. ed. Sachau. p. ۱۰۰). وهم قوم من اهل اليمامة يسمّون الصعافق وقال قوم بل الصعافق الذين يدخلون السوق ولا رؤوس اموال لهم فيشاركون التجار فيصيبون من أرباحهم Das Letztere wenigstens gehört sehr deutlich zur Wurzel صفق »schlagen" dann »die Hände zusammenschlagen beim Verkaufe" (so bei Djauh.) Wie die Bedeutung »mager sein" hiermit zu vereinen ist, ist nicht ganz deutlich. (Auch hebr. ספק »schlagen").

Von den aufgeführten 12 Bildungen beginnen sieben mit einem emphatischen Laute. Die übrigen (mit Ausnahme des unsicheren جعثر) haben einen solchen oder ein R in der Wurzel. Man darf also wohl vermuthen, dass diese Laute den Einschub des 'Ain hervorgerufen haben. Fraglicher ist, ob man auch in dieser Bildung eine Intensivform der ursprünglichen Wurzel sehen darf, wie sie sich bei تعضب gegenüber قضب allerdings sehr deutlich darstellt.

Mehrlautige Bildungen entstanden durch Einschiebung eines 'Ain nach dem zweiten Radicale der dreilautigen Wurzel.

اِبْذَعَرُّوا (von den Pferden) »sie zerstreuten sich,« »sich zerstreuen, um Futter zu suchen,« (z. B. Ḥamâsa. 75. 1.) gehört zu بذر (Grundbedeutung »zerstreuen,« Hebr. בזר, syr. ܒܕܪ); im Arabischen speciell auf das Säen übertragen. — اِجْلَعَبّ »anschwellen,« »sich ausdehnen,« »sich ausbreiten,« اجلعبّ في السير »auf die Reise gehen und sich dabei anstrengen,« مجلعبّ (vom Marsche) »weit« geht auf جلب »ziehen« zurück. (Die Anordnung der Bedeutungen dieser Wurzel scheint folgendermassen zu treffen. Die Grundbedeutung ist »ziehen,« das im Arabischen zunächst vom Ziehen eines Kameeles am Stricke zum Verkaufe gebraucht wird, daher dann »verkaufen« und اِجْتَلَب »etwas für sich heranziehen« d. i. »es kaufen;« eben daher kommt wohl auch die Bedeutung »schreien« das wohl zunächst zum Verkaufe »ausschreien« ist. Andererseits geht »ziehen" in die Bedeutung »überziehen" über, daher جَلَبَ »sich mit einem Häutchen überziehen" (von der Wunde). So wird man auch جِلْبٌ »ein dünnes Wölkchen" zu erklären haben, es ist eigentlich »Häutchen." Im Aramäischen ist die Grundbedeutung »ziehen" nach der umgekehrten Seite ausgeschlagen. Die Wurzel bedeutet da »abziehen." So wird man wohl am Passlichsten גָלָב »Bartscheerer" mit der Grundbedeutung vereinen). اجلعب ist nun »sich ausziehen," جلعباة »die starke Kameelin" wird eigentlich »die lang reisende" sein. »Scharfblickend" ist »die Augen weit öffnend." — جَلْعَدٌ »hart, stark," (vgl. auch den Berg גלעד). جُلاعِدٌ »stark" (vom Kameele) belegt bei Djauh. Derselbe Vers bei Ibn Dor. (vgl. auch Kâmil p. ١٤١. 18. p. ١٤٣ z. 18—20.) gehört zu جلد. Die Grundbedeutung ist »hart sein." Daher wird die Bedeutung »Fell" جلد, גלד, ܓܠܕܐ, abzuleiten sein; dann denominativ davon جلد »das Fell abziehen," جلد »geisseln," eigentlich »auf die blosse Haut schlagen," جلّد »in eine Haut (Pergament) zusammengebunden." اجلد »mit Reif überzogen sein" (vom Boden) eigentlich ein »Fell bekommen." Auch die Grundbedeutung »hart" ist noch mehrfach erhalten," so جَلَدٌ »harter Boden," جالد »mit dem Schwerte kämpfen," auch heisst schon جَلَدٌ »die starke" (eigentlich »harte" daher unfruchtbare und milcharme) Kameelin, ebenso اجلد. Nicht wundern darf uns, dass جلدة auch »die milchreiche Kameelin" heisst. Der Begriff »hart" ist eben nach den beiden Seiten »stark" und »unfruchtbar" auseinandergegangen. — جَمْعَرَ (vom Esel) »sich zusammenziehen, um zu beissen," geht auf جمر Grundbedeutung »zusammennehmen" (daher syr. ܓܡܰܪ vollenden, ܓܥܰܪ aufhören) zurück. جَمْعَرَة ist nach Ibn Dor. f. ١٢٩ v. »Land mit Steinen;" das gehört deutlich zu جمر Stein (syr. ܓܡܘܪܬܐ, jüd aram. גומרא Kohle). Ein Zusammenhang dieses Wortes mit der Grundbedeutung von جمر ist nicht recht ersichtlich. — خَزْعَلَ »sich beim Gehen krümmen," (belegt bei Djauh.) und خِزْعَال »eine hinkende Kameelin" gehört zu خزل »gebrochen sein;" auch خيزلى bedeutet bei Djauh. »schwankenden, schweren Schritt." — اِذْرَعَفَّ (vom Kameele) »eilen ohne Rücksicht zu nehmen," (vom Manne) »aus der Schlachtreihe treten" (d. i. »fliehen") darf man wohl zu زرف stellen, das in mehrfachen Formen »eilen" (vom Kameele) bedeutet, vgl. زَرُوفٌ und مِزْرَافٌ. Die Grundbedeutung der Wurzel wird »springen" sein, daher dann زرف von der Wunde »aufspringen" »aufbrechen." Eine Ableitung von ذرف »fliessen" (aber speciell von den Thränen) erscheint wohl minder passlich. (Nebenbei sei bemerkt, dass ذرف zu זרף nicht verglichen werden darf, da im Syrischen ܐܙܕܪܦ entspricht, das Lautgesetz aber da ein D erfordert). — اِرْمَعَلَّ »tropfen" (vom Speichel) »von Fett triefen" (vom Fleische) belegt bei Djauh. stellt sich zu رمل »geringer und weicher Regen" (siehe Lane. s. v.) In ادرنفق مرمعلا »gehe glücklich" scheint مرمعل zu رمل »eilen" zu gehören — زَبَعْرَى »hässlich," nach Anderen »mit vielem Haare an Gesicht, Backen, Achseln," (auch vom Kameele gesagt) geht deutlich auf زبر zurück, von dem auch die nächstliegende Form اِزْبَارَّ »struppig, borstig sein" (vom Haare) schon gebildet wird. Die Bedeutungsentwickelung bei زبر ist »haarig sein" dann »stark sein" زِبْر ist der haarige Theil des Kleides »die Franze," أخذه بزبرة »er nahm Alles zusammen" geht darauf zurück. — سُرْعُوفَة »die Heuschrecke" (auch als Metapher für »Pferd" belegt bei Djauh.) gehört deutlich zu سرف »nagen" daher »der Holzwurm" سُرفَة. Die Bedeutung »verschwenden" und daher wohl erst »unachtsam sein," das Djauh. und Lane an die Spitze der Bedeutungen stellen, ist wohl erst durch Hineinspielen von ذرف »strömen" (allerdings nur von den Thränen gebraucht, aber man vgl. auch تلذريف bei Djauh.) vermittelt. – Zu trennen ist hiervon سُرعُوف »zart, leicht" سرعوفة (von der Frau) »zart." Das wird wahrscheinlich zu سعفة »Palmzweig" gehören. Djauh. berichtet nichts davon, dass das Wort nur für den trockenen Palmzweig gebraucht wird). Dem entspricht dann genau hebr. צרעף und syr. ܣܪܥܦ. — سَرعَفَ »das Kind wohl nähren" (woneben auch سرهف, dies belegt bei Djauh.) ist erst denominativ davon gebildet. — اشمَعَلّ »sich beim Suchen zerstreuen" (belegt bei Djauh) مشمعلّ (von den Kameelen) »schnell," nach Anderen »sich beim Weiden zerstreuen," (vom Einfalle) »in verschiedene Gebiete zugleich stattfinden," geht auf شمل zurück. Die Grundbedeutung ist »zusammenfassen." Daher dann شمل »eine geringe Anzahl" eigentlich »was man zusammenfassen kann, eine Handvoll," שִׂמְלָה שמلة »ein Gewand, in das man sich einhüllt." شمل »rasch sein" ist »das Kleid zusammennehmen" (wie شَمَّرَ »rasch sein" eigentlich »sich schürzen" vollständig شمر عن ساقه). »Sich zerstreuen" ist »verschiedene Gebiete zugleich umfassen." Noch eine wunderliche Bedeutung ist durch شَمعَلَة ausgedrückt, nämlich »das Lesen der Juden." Ich glaube mich nicht zu täuschen, wenn ich dies Wort aus שְׁמַע אֱלֹהֵינוּ, dem canonischen Gebete der Juden, ableite, mit einer leicht erklärlichen Verstümmelung, die vermuthlich spöttischen Zweck

hatte — اِتْلَعَلَّ »schwierig sein" gehört zu تَذَال »Hinterkopf"
Nacken" (syr. ܥ, jüd aram. קדל). Es bedeutet daher schon
تذل »ungerecht sein," ursprünglich wohl »einen Nacken machen, hartnäckig sein." Nach Ibn Dor. f. ١٩٥ ͬ. bedeutet مقذعلّ
»rasch auf dem Marsche" قال الراجز

إِذَا كُفِيتَ اكْتَفِيَا وَإِلَّا   وجَدْتَنِى أَرْمُلُ مُقْذَعِلَّا

»Wenn dir Genüge geschehen bist, so lass dir daran
genügen, und wenn nicht, so findest du mich eilen,
eifrig marschirend." Das wird auf »hartnäckig" »stark" zurückgehen. — اِتْشَعَرَّ »schaudern" مقشعرّ, davon weiter
gebildet قشعريرة, gehört zu قشر » Rinde." Es bedeutet unser
Wort eigentlich »eine Rinde bekommen" (Wir sprechen von
»Gänsehaut"). — اِتْفَعَّلَ (von der Hand) »verschlossen sein"
nach Ibn Dor. f. ١٩٤ ͬ. »sich zusammenziehen" (vor Kälte)
gehört zu تفل »verschliessen." Grundbed. »zusammenfassen,"
daher تفيل »trocken" eigentlich »zusammengeballt;" »die Geis-
sel" das ist das trockene Leder; dann »verschliessen." — Vielleicht gehört auch اِتْمَعَدَّ Ibn Dor. f. ١٩٥ ͬ. »schwierig sein" zu
تمد »stark sein." — اِتْمَعَطَّ nach Ibn. Dor. f. ١٤٢ ͮ.
f. مقمعطّ und امعطّ الشىء اذا تداخل بعضه فى بعض
١٩٥ ͬ. erklärt durch اذا عظم اعلى بطنه وخمص اسفله wird
ursprünglich »gepresst sein" bedeutet haben. Dann kann man
es zu قمط »fesseln" stellen. — Auch مُرْثَعِنّ nach Ibn Dor.
f. ١٩٤ ͮ. ومرثعن مسترخ يقال ارثعن الرجل اذا فتر من
تعب او حمى kann man vielleicht zu رثن »langsam regnen"
stellen.

Bei einigen Bildungen findet sich ein Ġain statt des
'Ain eingeschoben. So in مُسْمَغَدّ »aufgeblasen," اِسْمَغَدّ (von
den Fingern) »angeschwollen sein," (vom Manne) »zornig

sein." Nach Ibn Dor. f. ۱۴۹v. ist سِمَعْدّ »thöricht, schwach."
Er citirt (Metrum Wâfir)

أَتَانَا ثَائِرًا بِأَبِيهِ قَيسٍ   فَأَهلِكَ ذَلِكَ الجَيْشُ السِّمَعْدُّ

»Er kam zu uns Rache zu nehmen für seinen Vater
Kais und da wurde vernichtet dieses thörichte Heer." Das
ist wohl nur Variante von اسمأَدّ »zornig sein." Die Grundbedeutung von سمد ist »stolz sein;" سمعد »thöricht" wird
ursprünglich auch »dumm, aufgeblasen" sein. — اِسْبَغَلَّ (vom
Kleide) »mit Wasser beträufelt sein" (Nebenform سغبل); nach
Ibn Dor. f. ۱۹۴ r. bedeutet مسبغلّ vom Haare »frei her-
unterhängend." Er citirt dazu قال كثير Metr. Tawîl.

مسايمُ فَوْدَيْ رَأْسِهِ مُسْبَغِلَّةٌ   جَرَى مِسْكُ دَارِينَ الأَحَمُّ خِلَالَها

»Die Locken der beiden Seiten seines Hauptes hängen frei
herunter, es fliesst der Moschus von Dârîn, der schwarze,
mitten durch sie hindurch." Zu مسك دارين vgl. Jâqût.
ed. Wüstenf. Bd. II. p. 537. 10. — Das Wort gehört zu سبل.
Grundbedeutung »lang hingestreckt" sein; daher dann »Regen" (wie auch מטר von einer Wurzel, die »verlängern, aus
dehnen" bedeutet, gebildet zu sein scheint) daher مسبلة
»Weg," سنبل »die Ähre."
Die von Djauh. überlieferte Bedeutung stellt sich zu
سبل »Regen," die andere zur Grundbedeutung. — مُسْبَغِلَّةٌ
hat Djauh. s. v. سغل aufgeführt. Er erklärt والمسبغلّة
بزيادة الميم الناقة الطويلة. Ich vermuthe, dass man es
passlicher zu سبل stellt, das schon اسمأَلّ in der Bedeutung »mager sein" entwickelt hat. Die Grundbedeutung von
سمل ist abreiben daher ist dann כָּמֵל zu erklären als »ge-
glättetes, poliertes Bild."
Mit Ausnahme von vieren جلعد, جمعر, خزعل, سرعف

weisen sämmtliche hier aufgeführten Beispiele schon durch ihre Form (Tešdidirung des letzten Lautes) darauf hin, dass sie aus der 11ten Form des Verbums gebildet sind. Zum Ueberflusse kommt noch bei einigen die jener Form zunächstliegende Bildung mit Hamza vor, (vgl. ازبأر, اسمأل). eine Bildung, die nicht allzu selten ist. Ibn Dor. führt f. ۱۹۳ ᵛ. — f. ۱۹۵ ʳ. unter dem Titel باب مفعلّل einige dreissig Formen dieser Art auf. Auch ist die Bedeutung aller dieser Bildungen jener Form entsprechend eine intransitive. Dass das ruhende Elif in Hamza überging, hat wohl darin seinen Grund, dass auch von den Arabern die Schwierigkeit empfunden wurde, nach einem langen Vocale einen Doppelconsonanten zu sprechen. Dass nun das Hamza wiederum in Ain (resp. Ġain) verwandelt wurde, ist bei einigen Formen gewiss durch die Nähe eines R veranlasst; so hätten wir ابذعرّ, جمعرّ, زبعرى, اقشعرّ, wohl auch سرعف, اذرعف, ثرعط zu erklären. Die verhältnissmässig grosse Anzahl der Bildungen, in denen ein L in der Nähe ist, اقذعلّ, اسمغلّ, اسبغلّ, اتفعلّ, اجلعبّ, جلعد, خزعل, ارمعلّ, اشمعلّ könnte zu der Vermuthung veranlassen, dass auch dem L ein ähnlicher Einfluss zuzuschreiben sei; doch hat man für einen solchen Vorgang keine sonstige Analogie, und in اتفعلّ, اقذعلّ, wie auch wohl in اتمعط liesse sich die Verwandlung vielleicht durch die Nähe des Kehl = resp. emphatischen Lautes erklären. Was die wenigen Formen, die keine Tešdidirung des letzten Lautes haben, angeht, so darf man wohl schliessen, dass ihnen Bildungen mit Tešdid zu Grunde gelegen haben.

Mehrlautige Bildungen entstanden durch Einschiebung eines Hê nach dem ersten Radicale der dreilautigen Wurzel.

Ich kann nur wenige und nicht ganz sichere Beispiele dieser Bildung geben. Vielleicht gehört بُهْصُل »dick" (vom Esel) بُهْصُلَة dasselbe (von der Frau) zu بصل »Zwiebel." Die Metapher wäre durch die vielen Schaalen erklärlich. Sehr deutlich ist بَهْصَل »das Fleisch vom Knochen abessen," von بصل »die Zwiebel abschälen" gebildet. — تَبَهْصَل nach Ibn Dor. ed. Wüstenf. p. 325. »sich entkleiden" (und بَهْصَل »jemanden entkleiden")ist deutlich nichts Anderes als »sich abschälen." — دَهْرَج (nicht bei Djauh. und Ibn Dor.) und دَحْرَج das wohl darauf zurückgeht) nach Djauh. »sich drehen" (belegt bei demselben) werden wohl zu درج gehören, das »eilig gehen" bedeutet. Oder darf man wirklich an eine Ableitung von دور, دهر denken? — Darf man دَهْمَج »so gehen, als ob man gefesselt wäre," nach Anderen (vom Kameele) »eilen," »rasche Schritte machen" (in dieser Bedeutung bei Djauh. belegt) von دمج »fest an etwas hängen, in etwas stecken," ableiten. Doch ist dann die bei Djauh. belegte Bedeutung schwer damit zu vereinen, und دمج selbst sieht nicht sehr arabisch aus. — Ein deutliches Beispiel ist زُهْلُوق »fett" (vom wilden Esel), زَهْلَق »rasch und glatt." Djauh. führt dies Wort zwar unter زَهَق auf; es erscheint mir indessen natürlicher es von زلق abzuleiten. (Die Grundbedeutung ist »glänzen," daher »glätten, glänzend machen;" زلق »scheeren" ist »glatt machen" (ein ähnliches Verhältniss liegt in

הלק und חלקלק vor) vgl. auch syr. ܒܪܩܐ „Blitz" d. i.
„der glänzende." Nachdem wir die Ableitung dieses Wortes
erkannt haben, dürfen wir wohl die Ächtheit des daraus
entstandenen زَحَالِيقُ, das bei Djauh. als لغة تميم bezeichnet wird, gegenüber زحاليف behaupten. Es bedeutet
„Spuren schlüpfriger Orte, an denen die Knaben im Spiele
heruntergleiten," oder „schlüpfrige Orte, an denen man aus
gleiten kann;" تزحلق (belegt bei Djauh.) ist dann wohl
denominativ davon gebildet. — تهصل nach Ibn Dor. f. ١٤٢ ʳ.
قَهَصَلتُ الشيء اذا كسرته würde zu قصل „schneiden" zu
stellen sein. Ibn Dor. fügt aber seiner Erklärung hinzu
قصير مجتمع nach Ibn Dor. f. ١٣٠ ᵛ. تَهَمَّزَ — وليس بثبت
kann man zu تمز „zusammenfassen" stellen. — Nach Ibn
Dor. f. ١٠٧ ʳ. ist الشَهْجَبَةُ احتلاط الامر اذا دخل بعضه
في بعض. Das Wort kann zu شجب gestellt werden. Ibn
Dor. (Cod. Lugd. 321¹ s. v. بجش; die Handschrift ist nicht
paginirt) erklärt والشجب تداخل الشيء فى الشيء تشاجب
القوم فى معنى تشاجر (Ähnlich auch Ibn Dor. ed. Wüstenfeld pag. 217).

In بهصل und تهصل könnte die Einschiebung des Hê
vielleicht eine Intention der Bedeutung andeuten, so dass
man diese Formen zur zweiten Form des Verbi stellen
könnte. Im Ganzen ist jedoch das Material zu geringfügig,
um über die Entstehung dieser Bildung Auskunft geben zu
können; auch habe ich selbst schon bemerkt, dass ich bei
einigen dieser Formen über die Ableitung nicht ganz
sicher bin.

Mehrlautige Bildungen entstanden durch Einschiebung eines Hê nach dem zweiten Radicale der dreilautigen Wurzel.

اِتْمَهَلَّ »grade sein, lang sein," woneben noch اتمال vorkommt, gehört zur Wurzel تمل, die selbst wahrscheinlich eine Secundärbildung von مال ist. Oder sollte man unsere Bildung für eine Variante von اتمأر halten? — مُجْرَهِدّ »eilig beim Weggehen" (belegt bei Djauhari) gehört zu جرد, worüber unter عجرد bereits gesprochen worden ist. Nicht ganz klar ist mir, wie man damit Ibn Dor. f. ١٥٠ v. اجرهدّ الليل اذا طال واجرهدّ بالقوم السير اذا امتدّ بهم vereinen kann. Soll das auf eine Ableitung von جهد hinweisen? — مُدْرَهِمّ (vom Greise) »gealtert" ادرهمّ »vor Alter abfallen" gehört zu درم »Zähne verlieren." Das ist die Grundbedeutung der Wurzel; daraus entsteht der Begriff »glatt sein" (أدرم »ein gleichmässig mit Fleisch bedeckter Knöchel, an dem keine Erhöhung wahrzunehmen ist." درم »ein glatter Panzer.") Fraglich ist, wie man درم »langsam gehen" damit vereinen kann; ich möchte es für eine Rückbildung von درمج halten. — ليلة مُدْلَهِمّة (Kâmil p. ٤٣) Z. 4. gehört zu أدلم schwarz; auch kommt noch die unserer Form zunächstliegende ادلأمّ vor, die schon Freytag richtig zu دلم stellt. Hierher ist auch zu stellen, was Ibn Dor. f. ١٩٤ r. überliefert. يقال ادرهمّ بصره اذا أظلم; es wird da R an Stelle von L eingetreten sein. — مُسْجَهِرّ »weiss" (belegt bei Djauh.) wird zu سجر gehören. Die Grundbedeutung ist wohl »anzünden," daher dann اسجرّ (vom Auge) »entzündet." In مسجهرّ ist das dann zu »glänzend" verallgemeinert. سَجِيم »ein aufrichtiger Freund" ist ursprünglich auch wohl »glänzend" (vgl. dazu خَالِص). ساجور »ein Holz, das an den Hals des Hundes gebunden wird," weist durch seine Form auf aramäischen Ursprung hin, und wir dürfen ihn annehmen, wenn auch שְׁגָרָא in unseren Lexicis in dieser Bedeutung nicht verzeichnet ist, da hebr. סגר und syr. ܣܓܪ im Arabischen شجر, entspricht. — اِسْمَهَرَّ (vom Dorne) »vertrocknet sein," (von der Dunkelheit) »starksein," vom Manne »im Kampfe heftig sein" (belegt bei Djauh.), سمهرى »eine besonders harte Lanze," nach den Arabern von سَمْهَر dem Gatten der ردينة, von der die berühmten Rudainischen Lanzen stammen, benannt (vielleicht ist aber der Name erfunden und unser Wort die Nisbe eines Appellativums, keines Nom. propr.) مُسْمَهِرّ nach Ibn Dor. f. ١٩٣ ʳ. »fest gedreht" (vom Stricke). Dies gehört zu سم, Grundbedeutung »spitzig sein" daher سَمُر »spina Aegyptiaca," hebr. שָׁמִיר allgemein »Dorn." (مِسْمَار »Nagel" ist wohl aus dem Aramäischen übernommen). — مُكْفَهِرّ الوجه »mit finsterem Gesichte," اِكْفَهَرّ » finster blicken," مُكْفَهِرّ اللون »staubfarbig" (belegt bei Djauh.), von der Wolke »schwarz und dick," gehört deutlich zu كفر »decken" wovon schon كَافِر bei Djauh. »die Nacht" ist, (von der Wolke »dunkel") und das noch einige andere Bedeutungen aufweist, die auf »dunkel" zurückgehen. — مُزْلَهِمّ nach Ibn Dor. f. ١٩٥ ʳ. »schnell" gehört zu اِزْلَأَمّ nach Djauh. »sich schnell wenden." — Schon von Djauharī bemerkt wird, dass مُعَلْهَج »unedel" بزيادة الهاء zu علج (hebr. עֶלֶג, das gleich לָעַג) gehört. — بَلْهَص nach Ibn Dor. f. ١١٧ ʳ. »fliehen" vor Furcht (daneben auch بلهس f. ١١٧ ʳ.) gehört zu بلص,

das auch schon بلأص entwickelt hat. Die Grundbedeutung ist »aufspringen" syr. ܨܚܝ »aufspringen" (von der Blüthe) »herausspringen"·(vom Funken). Dagegen gehört تبلهص من ثيابه اذا تجرّد منها (Ibn Dor. ib.) nicht hierher, sondern ist aus بهصل umgestellt, über das bereits gehandelt worden ist. — Sehr deutlich ist صَلهَبِى auch Djauh. (vom Kameele) »stark" zu صلب »hart sein" zu stellen. — Bereits von Djauh. bemerkt ist, dass سَمهَج »schlechte Milch" zu سمج gehört. Er sagt والسمج والسميج اللبن الدسم الخبيث الطعم وكذلك السمهج (Nach Ibn Dor. f. ۱۲۷ ۷. ist ريح سمهج سهلة الهبوب, was man wohl zu سهج zu stellen hat, das selbst Secundärbildung von هاج, ist). — Vielleicht darf man auch علهَز »eine Speise, die aus Blut und Kameelhaaren zur Zeit der Hungersnoth bereitet wird," und لحم معلهز »nicht gekochtes Fleisch" zu علس stellen vgl. Djauh. والعليس الشواء مع الجلد. — سَلهَب vom Pferde »lang" belegt bei Djauhari gehört deutlich zu سَلِب lang (bei Djauh.).

Auch hier lässt schon die Form deutlich erkennen, dass diese Bildungen aus der 11ten Form des Verbums entstanden sind. Beachtenswerth erscheint mir, dass wir in allen Beispielen (mit Ausnahme von سمهج) ein R oder L als zweiten oder dritten Radical finden. Es scheint das auf die Umwandlung des Lautes von Einfluss gewesen zu sein.

Mehrlautige Bildungen entstanden durch Anfügung von M an die dreilautige Wurzel.

Die Vermehrung der Wurzel durch schliessendes M findet sich auch schon bei zwei im Ursemitischen zweilautigen Wurzeln, nämlich bei بنم, das für ابن vorkommt (vgl. Djauh. s. v.; Ibn Dor. belegt f. ٢٧٤ ٢. auch den Dual ابنمان und den Plural ابنمون) und فم, das gegenüber פה wohl erst secundär ist. Die Zahl der auf solche Weise entstandenen mehrlautigen Bildungen ist eine ziemlich bedeutende und schon die arabischen Lexicographen haben in den meisten derselben das M als Suffix (زائدة) erkannt. So führt Djauh. eine Reihe von ihnen unter den entsprechenden dreilautigen Wurzeln mit der Bemerkung والميم زائدة auf. (Eine ziemlich vollständige Zusammenstellung dieser Bildungen giebt Sujûtî im Muzhir (Bûlâq Ausg. Bd. II. p. ١٣٥) unter dem Titel ذكر الالفاظ التى زادوا فى آخرها الميم.
Ich kann folgende Beispiele dieser Bildung geben. بَجَارِم »Unglücksfälle" zu بجر Grundbedeutung »brechen." (Vgl. syr. ܒܓܪ »nicht mehr stehen können" ܨܒܝܪ »mager, schwach," vielleicht bezeichnet auch בגרות jüd. aram. die Zeit des Stimmbruches). Auch بَجَر heisst bei Djauh. schon »Übel" und »Gewaltiges." — جَحْرَم »eng" und جَحْرَمَة »Enge" gehört zu جحر. Grundbedeutung »eng sein" daher جحر »Schlupfwinkel eines Thieres." — جَحْظَم »mit hervorragender Iris" wird schon von Djauh. zu جحظ, das dasselbe bedeutet, gestellt. — جَحْلَم »niederstrecken" zu جحل dasselbe; so schon Djauh. — جِلْعِمَة

»klein" eigentlich »abgeschnitten" gehört zu جلع »schneiden" (vgl. hebr. גזל syr. mit unregelmässiger Lautverschiebung ܓܙܕܐ, wofür man ܓܕܙܐ erwartete). — جُعْشُمٌ »dick und »stark" (vom Manne) belegt bei Ibn Dor. ed. Wüstenfeld p. 155 gehört zu جعش. Vgl. das gleichbedeutende, ebenda belegte جعشوش. — اِجْلَخَمَّ (belegt bei Djauh.) »sich sammeln" nach Anderen »übermüthig sein" gehört zu جلم (vom Strome) »das Thal füllen" (hebr. נלה gehört zu جلم). — جَلَهَمَةٌ »die Seite des Thales" gehört zu جله. Schon جلهة bedeutet dasselbe. Die Grundbedeutung ist »abspülen," »abfegen," daher das Ufer, das vom Wasser beständig abgespült wird. — حِشْرَمَةٌ (belegt bei Djauh.) »Bläschen auf der Oberlippe" gehört zu حشر. Die Grundbedeutung ist »dick werden, anschwellen" vgl. dazu ܚܫܠ, das die übertragene Bedeutung »stolz werden," angenommen hat. — حَصْرَمَ und محصرم »einengen" حِصْرِمٌ »unreife Traube" gehört zu حصر. Vgl. Fleischer in der Nachtr. zu Levys Wörtb. p. 420. Z. 25. Für dasselbe Wort kommt auch حَزْمَةٌ Enge vor (Ibn Dor. ed. Wüstenfeld p. 325. 7). Durch Umstellung ist aus dieser Form noch حَرْمَةٌ entstanden. (Ibn Dor. p. 276). — خَشْرَمٌ »Bienenschwarm" (und davon übertragen auch »Bienenstock") wird man zu حشر stellen müssen, dessen Grundbedeutung »summen" zu sein scheint. Vgl. auch hebr. הישׁר. — خِضْرَمٌ nach Djauh. »Grosses und Gewaltiges" abgeleitet von البحر الخضرم »das Meer mit vielem Wasser." 'Asma'i (bei Djauh.) kennt zwar خضرم nicht als Beiwort des Meeres, indessen wäre dies Epitheton sehr denkbar, wenn man für خضرم die Bedeutung »grün" annähme, was wohl die Grundbedeutung von خضر ist. (Vgl. hebr. הָצִיר »Gras;" הָצָר

»Hof" gehört zu حظر (). خَضرَم »schneiden und beschneiden" scheint direct von خضر »schneiden" gebildet, das selbst wahrscheinlich erst denominativ von خضر »grün" ist und eigentlich »das Grüne abschneiden" bedeutet. Der Name einer jungen Eidechse خضرم würde zu der angenommenen Grundbedeutung wohl passen; es ist »die grüne." — خَلجَم »lang" gehört zu خلج »ziehen" daher خليج »der Strick" ursprünglich »lang gezogen." — دِلقِم »eine Kameelin, die vor Alter die Zähne gebrochen hat" (nach Ibn Dor. f. ١٣٠ v. ist ناقة دلقم هرمة لا تحبس الماء فى فيها). Das Wort gehört vermuthlich zu دلق. Grundbedeutung »hervorbrechen"; schon دلرق und دلقاء bedeuten dasselbe. (Es ist fraglich, ob man hierzu دحص und דלק zu vergleichen hat. Es wäre möglich, dass Hebräisch דלק »brennen" ein Aramäismus ist, und dass wir es dann zu ذلق zu stellen hätten, ursprünglich also wohl »züngeln." Die Stellen Genes. 31. 36. I Sam. 17. Thren. 4. 19. sind dann nicht als Metaphern einer Grundbedeutung »brennen" aufzufassen, sondern gehören direct zur Wurzel دلق vgl. zum Beispiel اندلق). — زُرقِم (vom Manne und der Frau) »mit sehr blauem Auge" gehört zu زرق »blau sein," auch syr. ܙܪܩ. Die anderen Bedeutungen, die diese Wurzel aufweist, gehören zu ذرق, hebr. זרק »streuen." — سُتنهُم nach Djauh. gleich الأستَنُ gehört zu اِست hebr. שת. — سِلقِم Unglück (Meidâni III. 2. p. 32) ist ursprünglich wohl (vom Jahre) »unfruchtbar," welche Bedeutung Djauh. an ditter Stelle angiebt. Es gehört zu سلت »scheeren, kahl machen," mit verständlicher Metapher. — سِلقِم nach Ibn Dor. ed. Wüstenfeld p. 223. 16 »muthig, kühn," nach Ibn Dor. f. ١٣٥ v. بعير سلقم وصلقم

وهو الشديد الفكّ الذى يكسر كلّ ما مضغه وهى الصلقمة
والسلقمة gehört zu صلق »mit den Zähnen knirschen." In
سلق haben mehrfach andere Wurzeln hineingespielt, so
صلق, das die Bedeutungen »verletzen" und »schreien" vermittelt hat. Ferner زلق, woraus zu erklären ist: سلق »den
Schlauch mit Öl bestreichen, das Kameel mit Pech bestreichen"(nur bei Kâmûs), ferner سَلَق »glattes Feld" und سَلِيقة
»die von dem Sänfteriemen abgeriebene Stelle beim Kameel"
(und noch einige Bedeutungen, die Kâmûs angiebt, wie »durch
Geisseln einem die Haut abschälen," auch sonst, »das Fleisch
vom Knochen abschälen"). Es bedarf keiner Erläuterung,
um zu beweisen, dass diese Bedeutungen alle auf den Grundbegriff von زلق »glatt sein, gleiten" zurückgehen. Nicht ganz
sicher ist mir, ob wir hierher auch سِلق und سِلقة,
Namen des Wolfes, der mehrfach »der glatte, schnelle" heisst
(z. B. أطلس) zu stellen haben, oder ob da schon صلق
concurrirt. — سلق »auf den Boden werfen" ist erst eine
Rückbildung von سلقا, das man selbst wohl mit Stade
als Šaphel von لقى zu fassen hat. Nachdem wir alles
das ausgeschieden haben, ergiebt sich aus den übrigen
Bedeutungen der Wurzel als Grundbedeutung von سلق
»hoch sein, spitz sein," das dann dem Aramäischen
ܣܚܬ genau entspricht, daher تسلّق »auf der Spitze
der Mauer sein." Speciell für das Arabische hat sich aus
dem Begriffe »spitz" der der »spitzen Zunge" entwickelt,
daher سلق »einen mit Worten verletzen" (»durchstossen"
(mit der Lanze) ist wohl auch ursprünglich »die Spitze einbohren"), dann der Begriff der »scharfen Zunge" daher مِسلَق
»der beredte Redner" (wofür wieder مِصلَق gesagt wird).
Ganz von diesen Gruppen scheint zu trennen سلق »kochen"

jüd. aram. טְלַק syr. ܛܠܰܚ. — ضُبَارِمَةٌ (z.B. Hamâsa 196. 2)
"muthig" ursprünglich Beiname des Löwen, gehört zu صبر hebr.
צבר "aufhäufen," arab. "zusammenfassen" daher compactus. —
ضِرْزِم (von der Schlange) "heftig beissend" (belegt bei Djauh.)
und davon denominativ ضَرْزَم "heftig beissen" weisen deutlich
auf ضرس "beissen" zurück, das selbst wohl denom. von
ضِرْس "Zahn" ist. Die Verwandlung des Sin in Zâ ist
dem Einflusse des R zuzuschreiben. Davon ist ganz zu
trennen ضِرْزِم "eine milcharme Kameelin," das schon
Ibn Sikkit bei Djauh. richtig zu ضرز "geizig sein"
stellt. (Nach Anderen soll es "eine bejahrte Kameelin,
die noch etwas Jugend behalten hat" bedeuten. Das wird
auch "wenig Milch gebend" bedeuten). — طَحْرَم "den
Bogen besaiten" gehört zu طحر, dessen Grundbed. Dietrich
s. v. טהר richtig als "hervorstossen" angiebt. Dagegen scheint
طُحْرَمَةٌ "etwas" "ein wenig" davon zu trennen. Es gehört mit einer ganzen Sippe anderer Worte nämlich
طَحْلَمَةٌ, طِحْلِبَةٌ, (auch طِحْرَبَةٌ und طِحْرِنَةٌ) zu طحل
das "das Grüne auf dem Wasser" bedeutet. (Die Grundbedeutung von طحل ist "grün sein," daher طِحَالٌ Milz jüd.
aram. טְחֹל syr. ܛܚܠܐ), daher dann metaphorisch "ein Stäub-
chen, Wölkchen." Hierher gehören wohl auch noch die
stärker variirten Bildungen طِحْمِرَةٌ und طَحْمَرِيرَة (Wie
es mit طَحْرِير, اِطْمَخَرَّ, مُطْمَخِرّ und طَحْرِير in dieser Beziehung
steht, ist mir nicht ganz sicher. — عَجْرَم und عُجَارِم
"dick" (vom Manne) gehört zu عجر "dicht sein" syr. ܚܡܰܪ
(der Vogelname עָגוּר ist unklar), dann عَجْرَم eilen. Die
Grundbedeutung der Wurzel scheint "drehen" zu sein
(Dietrich s. v. עגר) dann "gedreht," d. i. "dick, stark sein."

عَجْرَم »eilen" wird wahrscheinlich erst denominativ von عُجْرُم »starkes Kameel" (nur bei Ḳâmûs) sein. — فُسْحُم »mit weiter Brust" ist schon von den Arabern als zur Wurzel فسم gehörig erkannt. — فَلْقَم »weit" gehört deutlich zu فلق »spalten." أفلق »etwas Wunderbares machen" geht auf فلق, »Unglück" zurück; es ist ursprünglich »grosses Unglück herbeiführen" (Zu فلق »Unglück" von فلق, vgl. von (يَجْر). — قَشْعَم »alter Adler" oder »alter Mann" gehört zu قشع. Die Grundbedeutung ist »zerstreuen. Hieraus ergiebt sich »die Wolken zerstreuen," dann »ein übrig gebliebenes Wölkchen," »Überrest," »trocken" daher قشع »trockenes Leder;" أُمُّ قَشْعَم ist eine bekannte Metapher für »Unglück" (z. B. Meidâni ed. Freyt. II. p. 34). — مُقَلْعِم »bejahrt" (neben اقلعم kommt nach Ibn Dor. ed. Wüstenfeld auch noch اقلهم vor) gehört zu قلم »gelbe Zähne haben." — إقلَعَم nach Ibn Dor. ed. Wüstenf. p. 327) »herausgerissen sein" (es fehlt bei Djauh. und Freytag) gehört deutlich zu قلع. — تَلهْجَم »begierig sein" (belegt bei Djauh.) gehört zu لهج dasselbe. (Das Hebr. ἀπ. λεγ., לַהַג ist seiner Bedeutung nach unsicher). — هَذْرَم »rasch sprechen" gehört zu هذر; vgl. auch هذرف und هذرب — بَلْعَم. »Vielfrass" gehört deutlich zu بلع verschlingen (vgl. hebr. בלע und syr. ܒܠܥ, in denen beiden aber بلع und بلغ zusammengeflossen sind), بُلْعُوم »die Kehle" (nach Analogie des folgenden Wortes) ist der Ort des Schlingens, und denominativ davon gebildet ist بَلْعَم. — حُلْقُوم »Kehle" gehört zu حَلْق dasselbe. (Die Grundbedeutung der Wurzel ist »rund machen," die Kehle ist »die Rundung," »der Kreis." حلق »den Kopf scheeren" scheint ursprüng-

lich »die Haare rund abschneiden" zu sein.) Davon ist natürlich erst denominativ حَلْقَمَ »die Kehle durchschneiden."
— Bei Djauh. fehlt, von Sujûti aber wird angeführt صِلْدِمٌ »stark" (von der Kameelin) von صلد »hart sein." In demselben Sinne صُلَادِمٌ bei Ibn Dor. f. ١٨٥ ⱴ. Er citirt قال الراجز
تَشْحَى لِمُسْتَنِّ الذَّنُوبِ الرَّاذِمِ شِدقَيْنِ فِي رَأْسٍ لَهَا صُلَادِمِ
الذنوب الدلو والمسنن ماءها والذى يجرى والراذم من قولهم رذم انفه اذا سال
»Sie öffnet für das Wasser des übervollen Eimers zwei Maulwinkel an ihrem starken Kopfe."

شُبْرُمٌ »kurz" und daher »geizig" gehört deutlich zu شِبْرٌ (die Spanne." — Auch دِقْعِمٌ »Staub, Erde" wird zur Wurzel دقع gehören vgl. auch دقعاء. — دِرْدِمٌ »eine alte Kameelin" stellen schon die Araber zu درد »am Zahnausfalle leiden." Das verhält sich aber vielleicht anders. درد ist vielleicht erst eine secundäre Bildung für دردر, das in dem bei Djauh. s. v. دَرّ angeführten Sprichworte die Bedeutung »Zahnfluss, Alter" hat und selbst aus دَرّ fliessen zu erklären ist. دردم würde dann Dissimilation von دردر sein. Möglich ist aber auch, dass wir in دردم eine der im Arabischen ziemlich seltenen Bildungen mit Wiederholung des ersten Radicals an dritter Stelle haben (Vgl. Nöldeke Neusyr. Grammatik p. 191), so dass wir es von درم abzuleiten hätten. — Hierher gehört auch صِلَخْدِمٌ stark (Meidâni Bd. II. p. 673). Es ist deutlich zu صلخد zu stellen, worüber bereits oben gehandelt worden ist. — كَلْدَمٌ bei Ibn Dor. f. ١٣٩ ⱴ. und كُلْدُومٌ f. ١٧٤ ⱴ. »hart, kurz" gehören zu كلد »hart sein." — شَدْجَمٌ »von rauhem Körper" belegt bei Djauh. gehört zu شدجم. — جرثم Ibn Dor. p.

والجُرثومةُ التراب تسفيه الريح يكون فى أصول الشجر وفى الحديث الازد جرثومة العرب فمن أصل نسبتهم فلياتهم وتجرثم الرجل اذا سقط من علو الى سفل وتجرثم الوحشى فى وجاره اذا تجمع فيه

Hier blickt viel deutlicher durch, dass das Wort zu جرف = جرث gehört, als in Djauharis Erklärung, der gleich mit der übertragenen Bedeutung beginnt الجرثومة الأصل وجُرثومة النمل قريته وتجرثم الشىء واجرنثم اذا اجتمع (Zum Wechsel zwischen ث und ف vergl. auch oben Seite 26.

Unter den aufgeführten Bildungen ist, wie man sieht, die bei weitem grösste Zahl nominaler Art. Ich weiss nun nicht, ob man annehmen darf, dass die wenigen mit schliessendem M gebildeten Verba, denen entsprechende Nomina jetzt nicht mehr zur Seite stehen, doch ursprünglich auf solche zurückgehen. In letzter Instanz ist das Bildungselement, das hier an die dreilautige Wurzel tritt, dem M des hebräischen Plurals verwandt. Es wird auch diese Endung wahrscheinlich ursprünglich weiter nichts sein als ein Nominalsuffix pronominaler Natur mit collectiver Bedeutung (wurzelhaft mit מָה, מֶה, عنّ, ما verwandt), das man direct zu unserer arabischen Endung, (wo sich allerdings von einer collectiven Bedeutung Spuren nicht mehr nachweisen lassen) und zu den Endungen אֹן und ֹם zu stellen hätte (Dass dann zugleich auch jeder Zusammenhang zwischen dem hebr. — îm des Pluralis und dem arab. — ûna wegfällt, versteht sich von selbst. Letzteres ist wohl erst eine von dem Verbum auf das Namen übertragene Endung; denn grade die Pronomina haben

noch die Endung M für den Plural wie das Hebräische
(אַתֶּם = أَنْتُمْ ; הֵם = هُمْ).

Mehrlautige Bildungen entstanden durch Anfügung von L an die drielautige Wurzel.

Vielleicht darf man حَرْنَبَلٌ »kurz" zu حرب stellen. Grundbedeutung »pressen" »drücken". Vgl. حِرَابِى »kurz, dick." — فُرْعُلٌ »junge Hyäne" gehört deutlich zu فرع »sprossen" (vom Haare und vom Baume) daher. فَرَعٌ »das Kameeljunge". — عِقْبُولٌ »kleine Blattern auf der Lippe nach der Krankheit"; nach Ibn Dor. f. ۱۱۸ ۲. والعقبول والجمع عقابيل وهو باقى المرض فى الجسم يقال بفلان عقابيل من مرضه اذا كانت به بقيّة منه (er belegt das Wort auch) stellt sich am Einfachsten zu عقب »hinterher kommen," عقبة »Spur oder Überbleibsel." — Darf man هِدْمِلٌ »zerrissenes Kleid" (belegt bei Djauh.) zu هدم stellen (das selbst Lehnwort ist), ebenso هِدْمِلَةٌ »ein Brunnen mit vielen Löchern" (ebenfalls belegt bei Djauh.)? — تَعْبَلٌ eine Pilzart nach Ibn Dor. f. ۱۱۸ ۲. ضرب من الكمأة صغار ردئ ist gewiss zu تعب »Becher" zu stellen. — تَمْعَلٌ Ibn Dor. f. ۱۴۳ ۲. والقمعل تعب صغير والبحمع تماعل وتماعيل ويقال للرجل اذا كان فى رأسه عجر فى رأسه تماعيل وتماعل وربّما قيل للواحد تمعول Das Wort geht gewiss auf تم »Spitze des Kameelhökers" zurück. (Djauh. رَأْسُ السنام)؛ die Grundbedeutung ist »bauchig sein, sich aufblasen" daher bedeutet auch nach Djauh. بثرة تنجرج فى اصول الاشفار. Dann تمع »Schlauch" (Djauh.) ما يصب فيه الـدهـن) und »Becher"). »Der Knoten am Kopfe" ist ursprünglich »kleiner Kameelhöker." — Fraglicher ist mir, ob man رَعْبَلَ nach Djauh. »zerschneiden" (vom Fleische) (belegt bei Djauh.) مُرَعْبَلٌ (vom Kleide) »zerrissen", رَعَابِيلُ »Lumpen," zu مرعب »in Stücke geschnitten" (vom Kameelhöker) stellen darf. رعب selbst ist nämlich doch wohl erst denominativ von رعب das die Bedeutung »fett" gehabt haben muss, denn سنام رعيب ist ein fetter Kameelrücken. Vielleicht bedeutet es ursprünglich »zittern" und ist auf die Bewegung fetter weicher Fleischtheile übertragen, so würde auch رعبوبة »die üppige Frau" (nach Djauh.) zu erklären sein. — ثِرْطِلَةٌ nach Ibn Dor. الاسترخاء مر فلان مثرطلا اذا مر يسحب ثيابه darf man vielleicht zu ثرط »dünn sein", (speciell vom Kameelkothe gebraucht) stellen. So nach Djauh. Es bedeutet auch einen von den Schuhmachern gebrauchten Leim. Die Grundbedeutung ist also wohl »flüssig sein." — وجرثلت التراب اذا جَرْثَلَ und جَرْثَلَ Ibn Dor. f. ١٢٠٧. اسفيته بيدك بالثاء ويقال بالفاء جرفلت gehört deutlich zu جرف »wegschwemmen, wegstäuben" (hebr. גרף). Über den Wechsel zwischen ث und ف ist bereits bei جرثوم gehandelt worden. — Deutlich gehört auch تَبَرْقَلَ »blitzen, ohne dass Regen darauf folgt" (Meidâni ed. Freytag. Bd. II. p. 607) zu برق »Blitz." — عرجل Djauh. erklärt الْعَرْجَلَةُ الذين يمشون على اقدامهم ولا يقال عرجلة حتى يكون جماعة مشاة (er belegt das Wort auch). Das Wort bedeutet eigentlich »hüpfen, hinken". Dies ist die Grundbedeutung von عرج, daher »eine Treppe besteigen," weil dabei ein Fuss auf der ersten, der andere auf der zweiten steht. حرجلة wird nur eine Variante unseres Wortes sein. Es kann nach den angeführten Beispielen keinem Zweifel unterliegen, dass das Suffix L ursprünglich diminutiven Charakter hatte. عقبول ist »eine kleine Blatter," تمعول »ein kleiner Becher," فرعل »eine junge Hyäne," تعبل »ein kleiner Becher," هدمل »in kleine Stücke schlagen," رعبل »in kleine Stücke schneiden," تبرقل » blitzeln" und auch für عرجل » hüpfen" lässt sich ein Diminutivum wohl rechtfertigen. (Auch im Hebräischen hat die Endung dieselbe Bedeutung, z. B. גְבִעֹל »Blumenkelch" eigentlich »kleiner Becher"). Aus dem Aramäischen gehört z. B. hierher כְּנָזֹן »Nachtherberge" (Übersetzung von מְלוּנָה). Das ist von כנז »verwickeln," das selbst zu כנ »weben" gehört, zu trennen. Die ursprünglichere Form unseres Wortes ist nämlich in ערסלא (jüd. aram.) erhalten und daraus ergiebt sich dann, dass es auf ערס, כנז »Bett" zurückgeht. Es bedeutet ursprünglich »kleines Bett." Die Araber haben das Wort übernommen als عِرزَال (Vgl. Djauh. s. v.).